深谷昌志

子ども問題の本棚から

——子ども理解の名著25冊を読み解く

黎明書房

読者への挨拶

――本書をどう読んで欲しいか――

いつの時代にもどこの社会にも子どもの姿があり、当然のことながら、子どもについて記述した著作も多い。もちろん、子どもの姿にその時代や社会による独自性が認められるが、そうした差を超えて共通する「子どもらしさ」も見られる。それだけに、子どもについての記述の中に、現代の子ども理解に役立つ視点も多く見られる。温故知新（故きを温めて、新しきを知る）である。

半世紀以上にわたって子ども研究を重ねてきたので、多くの著作を目にしてきた。そうした中から、現代の子どもをとらえるのに示唆に富むと思われる二五冊を選んで解題を試みたのが本書である。優れた著作でも、その時代や社会に固有な問題を深めた研究や専門的すぎる労作は対象外とした。また、同じような視点からの考察が複数見られる場合はその流れを代表する一冊を紹介するにとどめた。

本書は小中学校の教員や幼稚園や保育園の保育者、あるいは、地域の子ども会のリーダーなどを読者層に想定して執筆している。もちろん、愛書家も大歓迎だが、多くの方は子どもとのふれあいに追われる日々であろう。それだけに、たまには、違う視点で子どもを見つめる先人の子ども観にふれてはと思う。マンネリになりがちな日々から脱するきっかけになるのではと期待している。

読者の読みやすさを配慮して、二五冊を「Ⅰ　欧米の古典に見る子ども像――子どもに『子どもの時』を持たせたい」（五冊）、「Ⅱ　子どもたちにとっての昭和――昭和の子どもは貧しかった」（五冊）、「Ⅲ　子どもの暮らしをたどる――土着の養育文化を振り返る」（四冊）、「Ⅳ　新教育運動に見る子ども像――児童中心主義を提起した新教育運動」（六冊）、「Ⅴ　子どもたちの現在――子どもの姿が見えない放課後の町」（五冊）に分けたが、これはあくまでカテゴリーなので、気のおもむくままに順不同に読むのをお勧めしたい。

愛書家にはなじみの本の羅列かもしれない。その場合は、それぞれの本についての筆者の切り口に注目して欲しい。しかし、活字離れの傾向が強まる現在、二五冊の大半と縁のない読者も少なくないのではと思っている。そうした人たちに関心を持っていただくために、各書の冒頭にその本についてのキャッチコピーを付した。それを読み、興味を持てれば、本文に進んで欲しい。

読者への挨拶

本書の舞台裏を披露するなら、四年程前に勉強会の私的な月刊メールマガジンに「子ども問題の本棚から」を表題とした名著への解題を連載することにした。毎月一冊なので、月初めに数冊を選んで、ざっと下読みをする。若い頃に感動した本でも読み直してみると底の浅さが感じられるものもあった。しかし、大半は、若い頃に分からなかった指摘の鋭さや洞察力の深さに気づいた。若い頃には著者のレベルに筆者の理解力が届かず、指摘の意味を理解できなかったのであろう。その後、一冊を選んで熟読後、解題のための資料集めに入る。ネットの時代らしく、書斎にいても、多くの資料を入手できる。ネットでの古書の注文も可能だ。集まった資料を取捨選択して、四〇〇〇字程度にまとめる。お会いしたことのない著者と語りあう感じの楽しい時間を過ごせるが、気がつくと月末が迫り、推敲に追われ始める。

平成三一年の三月号で——連載は四八回を迎えるが、その中から二五冊を選び、推敲を加えたのが本書である。古典といわれる本も多いが、指摘している内容が現在に通じるのを感じる。それが名著の所以《ゆえん》であろう。

本書に収録した二五冊の中には大きな書店へ行けば安価で購入できる本もあるが、現在は絶版で、ネットで検索しても高価、公立の図書館での閲読を勧めたい本も含まれている。二五冊について、書籍の購入しやすさなどについてのガイドを付表（一四一―一六頁参照）にしたので参照して欲しい。

読後に、一冊でもよいので、原著に目を通して欲しい。当然、筆者と異なる読後感を覚える場合も多かろう。十人十色が読書の良さで、本書はそのための水先案内だと自戒している。

二〇一九年四月

深谷昌志

目次

II　子どもたちにとっての昭和——昭和の子どもは貧しかった

目　次

Ⅳ　新教育運動に見る子ども像——児童中心主義を提起した新教育運動

V　子どもたちの現在——子どもの姿が見えない放課後の町

目　次

取り上げた25冊の本入手ガイド（2019年3月現在）

＊備考に何もない場合は出版社に在庫在りです。出版社名は直近の出版です。

	著者	書名	出版社	刊行年	備考
1	P・アリエス　杉山光信・杉山恵美子訳	『〈子供〉の誕生』	みすず書房	1980年	
2	エレン・ケイ　小野寺信・小野寺百合子訳	『児童の世紀』	冨山房	1979年	冨山房百科文庫24
3	J・ルソー　今野一雄訳	『エミール』（上・中・下）	岩波書店	1962年	岩波文庫
4	ペスタロッチー　長田新訳	『隠者の夕暮　シュタンツだより』	岩波書店	1982年	岩波文庫
5	J・デューイ　宮原誠一訳	『学校と社会』	岩波書店	1957年	岩波文庫
6	平野婦美子	『女教師の記録』	国土社	1994年	国土社から1994年に復刊されたが，現在は絶版。
7	豊田正子	『新編　綴方教室』	岩波書店	1995年	山住正巳編，岩波文庫
8	山中恒	『ボクラ少国民』	講談社	1989年	講談社文庫。原著は『ボクラ少国民シリーズ』5巻の第1巻として，辺境社から1974年に発行。
9	無着成恭著	『山びこ学校』	岩波書店	1995年	岩波文庫の他に，角川文庫（絶版）もある。
10	加藤和俊	『集団就職の時代』	青木書店	1997年	現在，在庫なし。

11	貝原益軒	『和俗童子訓』	平凡社	1961 年	『子育ての書 2』（東洋文庫 293 に収録）。他に，石川謙編『養生訓・和俗童子訓』（岩波文庫）もある。
12	江馬三枝子	『飛驒の女たち』	大空社	1998 年	大空社から，1998 年に復刊本も出たが，絶版。図書館で見るか，欲しい場合，ネットでの購入可能。
13	大藤ゆき	『児やらひ』	三国書房	1944 年	女性叢書。同氏の『母たちの民俗誌』(岩田書院，1999 年) も参考になろう。
14	大田才次郎	『日本児童遊戯集』	平凡社	1968 年	東洋文庫。
15	A・S・ニール	『問題の教師』	黎明書房	2009 年	『新版ニイル選集』（堀真一郎訳）の (4) として本書が収録されている。
16	子安美智子	『ミュンヘンの小学生』	中央公論社	1975 年	中公新書。
17	八人の合著	『八大教育主張』	日本図書センター	2016 年	『文献資料集成・大正新教育』(監修・橋本美保)第 1 期，日本図書センター，2016 年に収録されているので，図書館などで閲覧可能。
18	黒柳徹子著	『窓ぎわのトットちゃん』	講談社	1981 年	講談社文庫が利用しやすい。

19	斎藤喜博	『可能性に生きる』	国土社	1984年	『斎藤喜博全集〈第2期3〉』(国土社，1984年)に収録。その中に「学級づくりの記」や「島小物語」も含まれている。図書館で閲覧可能。
20	I・イリッチ	『脱学校の社会』	東京創元社	1977年	現在在庫品切れ。ネットでの購入が妥当。
21	阿部進	『現代子ども気質』	三一書房	1962年	『三一新書』(1962年)の他，新評論社から復刊された。現在，オンデマンドで購入可能。
22	乙武洋匡	『五体不満足』	講談社	1998年	単行本の他に，講談社青い鳥文庫(児童書)からも刊行。
23	千原ジュニア	『14歳』	幻冬舎	2007年	幻冬舎よしもと文庫より刊行。
24	田村裕	『ホームレス中学生』	ワニブックス	2007年	児童書版やコミックスも有。
25	小此木啓吾	『モラトリアム人間の時代』	中央公論新社	1978年	中公文庫

I

欧米の古典に見る子ども像

――子どもに「子どもの時」を持たせたい

ものごころがつくと、「小さな大人」として働いている。それがかつての子どもの姿だった。そうした子どもに「子どもとしての時」を持たせたい。そう考えた先哲がいた。子どもを労働から解放すると同時に、教室から教師の鞭を追放して、学校を子どもが自由に動き回れる場にしたい。この章ではそうした先哲の思想を紹介する。

「小さな大人」でない子どもの姿もあったのではないか

P・アリエス『〈子供〉の誕生』一九六〇年

●「小さな大人」としての存在

二〇一四（平成二六）年の春、東京の六本木の森アーツセンターギャラリーで開催された「こども展」ではルノアールやピカソの描いた子ども像に関心が集まっていた。

その展覧会の入り口に子どもを描いた奇妙な一枚の絵が飾ってあった。背丈は子どもだが、大人の着るような背広を身につけ、顔も大人そのもの、文字通りに、大人を縮尺した感じの子ども像だった。

その絵を見た瞬間、アリエスの『〈子供〉の誕生』に挿入されている写真を思い起こした。アリエスは、多くの資料を駆使して、中世の社会では子どもは「小さな大人」とみなされ、「子ども」という概念は存在しなかったと指摘している。

多産多死の時代なので、生まれた子が生き延び、「ひとりで自分の用を足す」ようになり、

「身体的に大人と見做されるとすぐに、できる限り早い時期から子供は大人と一緒にされ、仕事や遊びを共にした」。なお、「子供たちはすぐに両親から引き離され」るので、「家庭においても社会においても、子供として過す期間はあまりにも短く」、その後の子どもは「小さな大人」として社会生活を送ることになるという。

そうした「小さな大人」としての子どもが、子どもらしい時を持てるようになる契機は教育の普及だった。近世の世俗的な学校では、「容易で近づきやすい科目から始めて、難易性にしたがって科目を配列する」。そうした「段階化されたプログラム」を「同年齢集団へ教育」するシステムが開発された。そして、そうした学習内容を習得するには一定の学習期間が必要となるので、学習する存在としての「子ども」が誕生する。

子どもはその期間を家庭で過ごすから、結果として、家庭の養育機能が高まる。そして、家庭の保護を受けながら、学校に通い、社会で働くための学習をするという子どもの姿が定着していく。一七世紀から一八世紀にかけての社会的な変化だという。

●日本の「子どもの誕生」はいつ

書名の『〈子供〉の誕生』は訳者がつけたもので、原題は『アンシァン・レジーム期の子供と家族生活』である。そして、内容的にも、原題の通りに多くの資料を吟味しながら、中世以降の子どもが置かれていた状況を紹介している。したがって、本来なら、原資料にあたり、引用の妥当性などを検討することが解題者の課題となる。しかし、中世以降のフランスの世相を扱う文献の吟味などは筆者の任をはるかに超える。そうした意味では、本書の解題を放棄せざるを得なかった。その一方、本書を読みながら、フランスの事情はともあれ、日本の「子どもの誕生」がどうだったのかを考えてみたいと思った。

日本の場合、「就学」という意味でいえば、士族層、中でも、上級士族の嫡男は、宝暦年間（一七五一―一七六四年）以降、各藩に設置された藩校へ通うのが常であった。藩校では、文武両道が求められたが、文事に限れば、四書五経を基礎に、十八史略や文章軌範などを数年かけて学習していく。特に江戸中期以降、武力による争いがなくなり、士族に行政官としての役割が増し、士族の子弟には文才が求められるようになる。この事実は上級士族の嫡男が子どもとしての時を持てたことを意味するが、江戸末期になるにつれ、嫡男以下の男子、さらに、下級士族の男子、藩によっては女子と、士族層の場合、就学できる対象が拡大されていく。

また、江戸の末期、江戸や大阪などで生活にゆとりができると、幼い子を他人の家で奉公させるのはかわいそうだ。せめて、数年間、寺子屋へ子どもを通わせ、読み書きを覚えさせてから奉公させたいと思う親が増加する。そして、読み書きを身につけた子はすぐに役立つので、店の主人や親方もこうした傾向を歓迎する。その結果、奉公に出るまでの二、三年を寺子として過ごし、子どもとしての時を持てる子が誕生するが、地方の場合でも、庄屋の子どもなどは寺へ通って、僧侶から文字を習ったといわれる。

●学制発布は青写真

「就学」といえば、学制の発布を連想する。たしかに、一八七二（明治五）年に「被仰出書《おおせいだされしょ》」が発布された。「人々自《みずか》ラ其《その》身ヲ立テ其産ヲ治メ其業ニ」するには、「身ヲ修《おさ》メ智ヲ開キ才芸ヲ長ズルハ学ニアラザレバ能《あた》ハズ」（濁点を補った）。したがって、「邑《むら》ニ不学ノ戸ナク家ニ不学ノ人ナカラシメンコトヲ期ス」。特に、「幼童ノ子弟ハ男女ノ別ナク小学ニ従事セシメン」と提唱している。

このように、被仰出書は身分や性差を超え、子どもを労働から解放し、学習に専念することの必要性を説いた人権宣言だった。そして、この時期、各県でも被仰出書に準じた就学の勧めが提唱された。しかし、被仰出書は財政的な基盤を欠いた構想だったので、就学の勧めは青写真の提示にとどまる。その結果、明治一〇年代に就学できた子は少数に限られていた。

そうした状況は明治二〇年代に入っても続き、親たちの中には、学費のかかる就学に反発する者が少なくなかった。そして、家で農業や家事を手伝う、あるいは、幼い内から商店や職人の家に住み込んで働く子どもの姿があった。そうした意味では、明治期に入った日本でも、少数例を除くと、「子ども（という状況の子）」は存在しなかったという結論になる。

●子ども期を持つ子の誕生

小学校への就学率は一八九二（明治二五）年の五五％から一八九七（明治三〇）年の六七％を経て、一九〇二（明治三五）年に九二％と九割を超える。そうなると、どうして明治三〇年代半ばに就学率が高まったのかを知りたくなるが、それには三つの要因が重なったといわれる。

まず、この時期に軽工業を中心とした産業革命が進み、繊維・紡績などの職工にも読み書き算数の学力が求められるようになった。また、日清戦争では兵役を嫌って逃亡する男性が多かった。それだけに、軍としても国民に政策を伝え、政策を支えてもらう必要を感じた。さらに、一八九九（明治三二）年から外国人が居留地外で暮らせる「内地雑居」が実施され、町中に外国人が居住するようになるので、日本人としての自覚を持たせることも課題となった。

このように産業界だけでなく軍部や言論界も、国民に読み書き算数の力をつけさせると同時に、国民意識を持たせる必要性を感じた。そうした背景から、授業料の減免などの対策を講じると同時に、就学督促を厳しくし、就学率は一九〇七（明治四〇）年に九七％に達する。この時期の小学校は四年制だが、この結果、多くの子が一〇歳までの「子ども期」を持てるようになった。

もっとも、大正時代に入っても、女子に学問は不要という偏見が根強く残るだけでなく、農業の手助けや工場の下職として働く不就学の子の姿があった。そうした子どもへの対策として、子守り学級や夜間小学校を設置する動きも見られる。それらの努力が実を結び、ほぼ全員の子が「子ども時代」を持てるようになったのは昭和初期と考えられる。

こうした日本の状況をアリエスの指摘する西欧と対比してとらえ、それに、中国やアフリカなどの状況を視野に入れるなら、子どもの誕生はその社会の発展を反映しており、それぞれの社会にその社会なりの子どもの誕生の時期があるのを感じる。大きくつかめば、西欧の子がもっとも早く子どもの時を持てたのであろうが、アメリカにしても、白人はともあれ、非白人（Non-white）系の子は公民権運動が高まるまで、子どもとしての時を持てなかったのではないか。

●子どもを慈しむ日本の文化

なお、アリエスによれば、西欧では、乳幼児期の多くの子は愛情を注がれることなく死亡していったが、もともと、人は原罪を宿していると考えられ、特に、乳幼児の内は悪が表に出ないように厳しくしつけるのが常であった。中世には、幼児をぐるぐると縄で縛り、動けなくする慣習もあったという。このように内在する悪を封じ込めるのが乳幼児期となるから、子どもは庇護される対象ではなく、抑制される存在だった。

それに対し、日本では、伝統的に子どもは宝といわれ、赤子は慈しみの対象として育てられた。後に『児やらひ』（一一一―一一七頁参照）でもふれるように「遊びをせんとや生《う》まれけむ」（『梁塵秘抄』）的な子ども観が共有され、「つ」がつく内は神の子（数えの九つまで）として大事に育てられた。そう考えると、子どもの誕生は時期だけでなく、子どもをどうとらえるのかという子ども観にも関連してくるのを感じる。

したがって、『〈子供〉の誕生』に描かれた子どもの姿はキリスト教の強い西欧に限定された状況のように思われる。もっとも、ブリューゲルの「子どもの遊戯」（一五六〇年頃）には元気に遊ぶ子どもの姿が描かれている。そうした絵に接すると、アリエスの指摘が子どもの一面をとらえているものの、他の面もあったような感じがしてならない。

「児童の世紀」が未だ来ていない日本

エレン・ケイ『児童の世紀』一九〇〇年

●「国際児童年」とエレン・ケイ

エレン・ケイの『児童の世紀』を求めたのは学生時代だった。書名に惹かれて手にしたものの、内容が難解でツンドクの一冊となった。数年後、大学院生となり、西洋教育史の素養を身につけてから、同書に再チャレンジした。しかし、高邁な思想が語られていると思ったものの、心に打つものが少ない感じがした。

その後、エレン・ケイの『児童の世紀』を耳にしたのは、一九七九（昭和五四）年の「国際児童年」の時だった。一九五九年の国連総会で「児童の権利に関する宣言」が採択され二〇年を経たのを記念して、一九七九年が「国際児童年」と定められた。そして、国際的な規模で、子どもの権利を認める運動が展開され、日本では、国際児童年の協賛歌・ゴダイゴの「ビューティフル・ネーム」（奈良橋陽子・伊藤アキラ作詞、タケカワユキヒデ作曲）

が巷に流れていた。「Every child has a beautiful name」の一節に子どもの明るい未来が感じたのを思い起こす。そうした中で、「二〇世紀を子どもの輝く世紀にしよう」と提唱した優れた思想家としてエレン・ケイの名が語られ、ケイの理念を具体化するための行動計画が国際的に模索された。

●工場で働く子と学校で鞭打たれる子

「国際児童年」の原点ともいえるエレン・ケイ『児童の世紀』にはどのような内容が書かれているのか。ケイによれば、一九世紀の子どもの多くは工場で長時間労働に従事し、残りの子も学校に通ってはいるが、学校では教師の鞭がうなっていたという。

もちろん、エレンが視野に入れているのはスウェーデンを中心としたイギリスなどの子ども事情だが、イギリスでは一九世紀に産業革命が進み低賃金で長時間働く子どもが増加した。そして、「妊婦も、四、五才の子どもも、一四時間から一八時間働く」状況となる。女性や児童の長時間労働対策として、工場法が一八〇二（享和二）年に制定され、一八四二（天保一三）年には、一〇歳未満の労働を禁止する規定が成立する。しかし、その後でも、「就労は一〇歳以上」は空文化し、「低い坑道内にうずくまって重い荷を背負う」幼児の姿があった。そして、工業地帯でない町中の店や工場でも幼い子どもが安い賃金で長時間の下働きをしていた。

そうした工場では無論、家庭そして学校でも、子どもは常に鞭で打たれていた。鞭を打たれる度に、子どもは耐え難い苦しみや不合理への怒り、正義への不信、救いのない絶望感に襲われる。そして、「体刑は卑怯者を一層卑怯にし、強情者を一層強情にする」だけで、全く効果を期待できないのに、教師は、自分に従わない子にすぐに鞭を振るう。そうした状況に対し、ケイは、「教育の進歩を促す方法としては、家庭および学校で、子どもに鞭刑を加えるのを法律で禁止して、事実上あらゆる打擲《だちょう》教育の跡を絶たせることに勝るものはない」と提言している。

子どもを労働から解放すると同時に、教室から教師の鞭も排除する。子どもの本性は善だから、子どもを束縛するのでなく、子どもを信じ、子どもの素質や個性を伸ばせば、どの子も健やかに育つ。一九世紀は子どもの受難の世紀だったが、来る二〇世紀こそ、子どもが自由に成長できる「児童の世紀」にしたいと、ケイは提唱する。

●国際児童年に対する日本の対応

国際児童年の前後、子ども問題の研究者として、子どもの権利を保証するための行政の施策策定に関わった。予想外に感じられるかもしれないが、国際児童年の時点で日本は子どもの権利条約を批准していなかった。権利条約は国際的な基準なので、子どもの権利を具体化する際の課題として飢えからの解放や児童労働の禁止などがあげられていた。しかし、昭和五〇年代の日本には、飢えている子や働く子どもの姿はなかった。そうした意味では、日本は権利条約の基準を充たしているから、いまさら批准を急ぐ必要はないというのが国の判断だった。

それと同時に、権利条約では、子どもの権利として、「生きる」「育つ」「守られる」と並んで「参加する」権利を認めていた。子どもの結社や集会の自由を保障する規定で、そうなると、学校の決定に子どもが異議を唱えることができる。安田講堂事件があった六〇年代後半は激しい学生運動の季節だった。それだけに、小中学生が権利を主張する事態を避けたい。そのため、権利条約を批准せずに事態を見守るというのが、当時の政策だった感じもする。実際に、日本は一九九〇（平成二）年に権利条約を批准しているが、一〇九番目の遅さだった。

欧米と比べ、日本の学校では、教師の指示に従うのが良い子とされ、子どもが自分の意見を述べる機会が少ない。それだけに、国際児童年を機会に、子どもの主体性を尊重する方策を講じてはと思い、都の委員会などで、そうした趣旨の発言をした。しかし、教育現場の苦労を知らない学者の戯言という扱いだった。そして、国際児童年を記念して、各地で児童会館などのハコモノが建設されたものの、子どもの状況は変わらないままに、日本の国際児童年が過ぎていった。

●一世紀を経ても色あせない学校論

エレン・ケイの原著は一九〇〇年であるから、明治三三年に刊行されている。中国で義和団の乱が起き、アメリカがハワイを合併した年だが、日本的には、日清と日露の戦争の谷間、あるいは、軽工業から重工業へ体質が変わる時期にあたる。いずれにせよ、一〇〇年以上昔に書かれた本になる。

『児童の世紀』では、かなりのスペースを割いて、学校論が展開されている。ケイによれば、これまでの学校では、教師は決めた内容を教え込もうとして、子どもに従順を求めていた。しかし、子どもに強制するのでなく、外から子どもを見守ることが、子どもの成長に連なる。したがって、これからの学校では、①「個人の才能がはっきりあらわれている場合には、早期に専門化する」、②「ある期間、ある科目を中心に集中教育をする」、③「全学習期間を通じて自習作業をさせる」、④「全学習期間を通じて実物と接触させる」の「四つの礎石」を踏まえれば、子どもを健やかに成長させる学校作りが可能となるという。

この四項目を、現代風に置き換えるなら、①子どもの個性を見つけ、②その個性を集中的に育てる。その際、③子ども自身の自主性を尊重すると同時に、④具体的な経験を通した学習を進めるとなる。

新教育運動が世界的な広がりを見せるのは、第一次世界大戦を経た一九二〇年代以降である。となると、その二〇年以上前に、ケイは、子どもの本性は善だという子ども観を持ち、それを踏まえた上で、きちんとした教育論を構築している。さらに「第一の夢は幼稚園や幼児学校を小規模の家庭学校に替えることである」と、学校の小規模化を提唱すると同時に、「学校なるものは、名実ともに真の男女共学学校でなければならない」と男女共学も説いている。これらの視点は、二〇世紀を通して、多くの社会で取り組まれた教育課題だった。それだけに、一九〇〇年にそうした指摘をしたケイの時代を超えた洞察力を感じる。

若い頃は、時代的な背景を念頭に本を読む姿勢に欠け、それが、『児童の世紀』の印象を薄めたと自戒している。そして、再読してみて、一世紀以上も新鮮さを保つ著者エレン・ケイに憧憬に近い尊敬の念を抱いた。それと同時に、残念ながら、二〇一九年の日本の学校では子どもは管理・指導される対象で、その結果、主体的に生きる子どもの姿が見られない。当然のことながら、ケイのいう『児童の世紀』が実現されていないのを感じる。子どもを信じ、思い切って、子どもの自己判断に任せる。そうした学校改革があっても良いのではと思った。

未知との遭遇をもたらすが、こだわりも感じる

J・ルソー『エミール』一七六二年

●子どもらしさを尊重しよう

『エミール』は子どもに内在する良さを認め、その良さを自然の中で伸ばす個性的な教育論を展開した教育の名著としての評価が高い。しかし、筆者にとって、『エミール』は読破できない苦手の文献だった。第二外国語がドイツ語なので、フランス語が不得手。訳本で読むにしても、厚い文庫本で三冊という長さに加え、見出しのない文章が続くので、何回も読破を断念した。

今回、あらためて『エミール』を手にしてみた。『エミール』は、「万物をつくる者の手をはなれるときすべてはよいものであるが、人間の手にうつるとすべてが悪くなる」という示唆に富む文から始まる。といっても、子どもを放置しておけば、周囲の悪の影響を受ける。

「植物は栽培によってつくられ、人間は教育によってつくられる」から、幼い内から、優れた先生について、きちんとした教育を受けることが大事だ。しかし、「教えることより導くこと」が肝要で、先生は「教師ではなく、むしろ師伝」でありたい。そして、師は「父母の義務を引き受ける」と同時に「父母の権利のすべてをうけつぎ」、その子を教育していくが、「年齢に応じてとりあつかう」ことを基本としたいという。

そうした指摘に接すると、『エミール』の中で「教育」という用語が使われているが、ルソーの念頭にあったのは、現代流の「教え込む教育」でなく、「子どもを育てる訓育」、あるいは、「人間の形成論」であったように思われる。

さらに、ルソーは「子どもには特有なものの見方、考え方、感じ方がある」ことを尊重したいという。そして、大人の「流儀を押し付けることくらい無分別なことはない」。特に、「子どもを子どもにしようとはせず、博士にしようとしている」。そのため、「しかったり、矯正したり、文句をいったり、きげんとったり」する。その結果、「子どもは成長して俗物の大人になる」。そうならないためには、「子どもの状態を尊重するがいい」と指摘している。

●発達段階を踏まえて

周知のように、『エミール』は、富裕な家庭の孤児・エミールの家庭教師がエミールを育てる際の指導方針を語る形で記述されている。『エミール』の構成は、エミールの誕生から二五歳頃まで、そして、エミールの妻となるソフィーの育ち方を含めて、五章に分かれている。具体的には、五歳頃までの幼児期（第一部）、一二歳頃までの児童期（第二部）、一五歳頃までの青年前期（第三部）、二〇歳頃までの青年中期（第四部）、二五歳頃までの青年後期と女子教育論（第五部）の構成で、それぞれの時期に、「快・不快」（第一部）から「感覚・知覚」、「好奇心・有用性」、「理性・道徳」、「幸福」（第五部）のような発達課題に沿った教育論が展開されている。

アリエスの『〈子供〉の誕生』（一八―二四頁参照）の項でふれたように、西欧では原罪的な人間観から人は罪深い存在と考えられていた。それに対し、ルソーは子どもの人間性に着目し、子どもの成長に応じた指導を目指すという。これは、当時の社会体制に対して、きわめて挑戦的な発言だった。さらに、多くの子が五、六歳の頃から「小さな大人」として労働に従事していた時代に、子どもの発達段階を踏まえ、二〇歳過ぎまでの教育論を展開することは、常識を打ち破る画期的な問題提起でもあった。

さらにいえば、乳児から青年までの子どもの望ましい成長の見取り図を提示する試みは、現在なら、多くの分野の研究者がプロジェクトで取り組むレベルの困難な仕事であろう。

その難題をルソーは一人でカバーしている。それだけでも驚異的だが、第二部の「児童期」を例にとると、睡眠、衣服、食事、言語の獲得、遊びなど、さまざまな領域について適切で細かな考察がなされている。しかも、その大半が現在の基準に合わせて納得できる。まさに博覧強記な卓越した知識人に接する思いがする。

●珠玉の指摘のオンパレード

『エミール』の中に、短いけれど蘊蓄《うんちく》に富んだ文章が目につく。メモを取り始めると、あっという間に感銘を受けた短文が一〇〇を超えた。いくつかの例を紹介してみよう。

①「子どもを不幸にするいちばん確実な方法はなにか。（中略）それはいつでもなんでも手に入れられるようにしてやることだ」。あるいは、②教師は「たえず説教をしたり道学者めいたこと」をしがちだが、「あなたがたの頭の中にあることばかり考えていて、子どもの頭に生み出される結果がわからない」。さらに、③「子どもの状態を尊重するがいい。そして、よいことであれ、悪いことであれ、早急に判断をくだしてはならない」。また、④「語学の勉強も教育にとって無用なことの一つだ」。「一二歳ないし一五歳までは、天才を別として、どんな子どもでも、ほんとうに二つの国語を学べたためしがあろうか」の文章に接すると、現在の子ども英語の状況を想起し、ルソーの見識に拍手したい気持ちになる。

もう一例、⑤「国王たちの名前や日付けや、紋章学、天球、地理などの熟語、要するに子どもにとってなんの意味もないこと」だ。もともと、「見るもののすべて、聞くもののすべてが子どもを刺激し、かれはそれを覚えていく」。それだけで十分で、強制的な記憶などは不要だという。現在の情報化社会では、ルソーの時代より記憶することの意味が薄れている。しかし、残念ながら、現在の学校でも一九世紀と同じように記憶を重視する教育が行われている。

これ以上の引用は控えるが、数頁ごとに珠玉の指摘に出会う。それだけに、今度はどんな出会いがあるのか。未知との遭遇の旅という感触を抱いた。もちろん、これまでの指摘は教育社会学徒としての筆者の読後感で、専門を異にする研究者が読めばまったく別のところに惹かれるのではないか。そうした意味では、その人なりのキャリアに応じた読み取り方ができる。『エミール』に限りのない懐の深さを感じた。

●『エミール』にこだわりを感じる面も

こう書き綴ると、『エミール』礼賛になりがちだが、こだわりを感じる部分もある。

これまでふれてきたように、『エミール』は家庭教師の語る個を対象とする教育論である。もちろん、この時期、西洋の王侯貴族は子どもの教育を家庭教師に託している。そして、エミールは第三身分であってもブルジョワの子である。そうした意味では、『エミール』は豊かな階層の子の成長を主題とした考察である。そうした一方、『エミール』が刊行されたこの時期、伝統的な教会学校の他に、産業革命の進展につれて工場での職工教育も開始され、多数の子に効率よく学力をつける手段として、一斉授業を基本とする学校形式の教育が広まっている。そうした中から、ベル、ランカスターの助教法（モニトリアル・システム）が誕生している。これは、一人の教師の下に複数の助教を配置し、助教は師について学ぶとともに、助教が初心者を教えるという仕組みである。しかし、『エミール』には、公教育の抱えるこうしたさまざまな課題についての言及は少ない。

さらにいえば、周知の通り、ルソーは生まれた五人の子すべてを孤児院に預け、養育を放棄した父親である。もちろん、作品の評価はその人がどう生きたかと切り離して論じるべきだとは思う。さらにいえば、一八世紀のパリでは、孤児院に我が子の養育を託すことは稀ではなかったという。といっても、子どもを放棄した男性の語る教育論は現実との接点の乏しい空論の羅列という気持ちを拭いがたい。

そうした意味では、貧しい子の中に身を置き、その体験をまとめたペスタロッチーの『隠者の夕暮』（一七八〇年刊、三八―四四頁参照）は『エミール』（一七六二年刊）と同時期の著作だが、まったく対照に位置している。個人的には孤児院の挫折記録『シュタンツだより』を含めて、ペスタロッチーに共感を覚え、ペスタロッチーを自分の生き方の指針としたいと思う。その一方、ともすると硬直化しがちな考え方を柔軟にする座右の書として、『エミール』を活用したいとも考えた。

手本として少しでも近づきたい

ペスタロッチー『隠者の夕暮』一七八〇年

●「教育の意味」を説いた古典中の古典

ペスタロッチーの『隠者の夕暮』（一七八〇（安永九）年）は、大学院時代に、西洋教育史研究の大家・梅根悟先生のゼミで原書講読をした思い出がある。正解が出るまで、院生にしゃべらせる形のゼミだったので、文意の解釈に時間を費やし、一時間かけて二、三行しか進まないことが多く、難解な本という印象を受けた。

『隠者の夕暮』はルソーの『エミール』と並んで、もっとも知られる教育学の古典であろう。そして、「隠者」という書名から、引退してからの回想録と思いがちだが、ペスタロッチーが三四歳の時の著作である。チューリッヒ大学卒業後すぐに試みた農場経営やノイホーフでの貧困児対象の施設経営に失敗し、失意の中で著作活動に入る。その時期の最初に書いたのが『隠者の夕暮』だった。

「玉座の上にあっても木の葉の屋根の陰に住まっても同じである人間、その本質から見た人間、いったい彼は何であろうか」と、人としての平等を説いた冒頭の一節が有名だが、全体は一八九の短文から構成されている。その中で、「人類の家庭関係は最初のそして最も優れた自然の関係である」から、家庭が人々の暮らしの基盤だ。そして、子どもについて、「人間よ、汝はまず子ども」であり、その後、職業の徒弟になる。家庭で育った子が教育を受け、職業につく技能を身につけることが、人間として生きていける筋道だと指摘する。

●教育実践家としてのペスタロッチー

『隠者の夕暮』の底流を流れているのはキリスト教の思想だが、そうした土台を踏まえつつ、すべての子どもは神の前では平等だから、どの子も平穏な家庭で育てられ、きちんとした教育を受けるべきだと提言する。このようにペスタロッチーは、教育を受けられる対象が貴族やブルジョワ階級に限られていた時代に、ラジカルなまでに下層を含めた庶民レベルの教育の必要性を提唱している。

『隠者の夕暮』が刊行された一七八〇年前後は、一七七六（安永五）年にアメリカの独立宣言があり、一七八九（寛政元）年にフランス革命が起きるなど、市民が社会的なパワーを持ち始めた変動の時代だった。ルソーに代表される啓蒙思想家の活躍も目につく。そうした時代的な背景を受けて、『隠者の夕暮』には啓蒙思想家としてのペスタロッチーの姿勢が色濃く現れているのを感じる。

なお、岩波文庫版の『隠者の夕暮』には『シュタンツだより』が収録されている。冒頭でふれた梅根ゼミの話に戻るが、梅根先生が「みんなが『隠者の夕暮』がいいというので読んでいるが、本当は『シュタンツだより』をゼミの教材にしたい」と語っていたのを覚えている。正直にいえば、梅根ゼミでの難解さがトラウマになって、それ以降、『隠者の夕暮』に目を通すことがなかった。そして、半世紀ぶりに、名訳として評価の高い長田新訳を手にした。『隠者の夕暮』に格調の高い警世の書とは感じたが、独りよがりと感じる部分もあって、それ程の感銘を受けなかった。そうした一方、孤児院での日々を綴った『シュタンツだより』には、自分自身が年齢を重ね、ペスタロッチーの苦闘に共感できるようになったせいか、若い時以上に強い感銘を受けた。

●孤児院を開く＝『シュタンツだより』

『シュタンツだより』は一七九八（寛政一〇）年一月にシュタンツで開院し、半年で閉鎖に追い込まれた孤児院、現在風にいうなら児童養護施設の顚末記である。一七九八年、スイスはフランス軍の侵略を受け、町には家を失った人や親を亡くした子どもがあふれていた。子どもの窮状を救うために、ペスタロッチーは政府に孤児院の設置を提案した。それに対し、政府はシュタンツ村の尼僧院に付属する建物を孤児院の施設として指定してきた。台所やベッドが揃う前に、四〇人ほどの子どもが入ってきたが、「歩けないように根の張った疥癬をかいている者」や「腫物で潰れた頭をしている者」、「毒虫のたかった襤褸を着ている者」、そして、「痩せ細った骸骨のようになり」、「人間性を極度に侮蔑」された子が多かった。もちろん、ＡＢＣも知らない子だった。そして、子どもたちは、これまでの生活を「一日中スープもパンももらえなかった」、「一年中寝台に寝たことがない」、「何度継母から追い出された」、「毎日理不尽に殴られた」などと語った。

家事を担当する一人の女性以外は、八〇人に増えた子どもの世話をペスタロッチー一人が担うので、「夜は私が一番後で床に就き、朝は一番早く起きた」。「彼らの食べ物は私の食べ物であり、彼らの飲み物は私の飲み物だった。私はなにものももたなかった」。五三歳の若いとは言えないペスタロッチーは「わたしはほとんどただ一人朝から晩までかれらのなかにおった」という。

そうした孤軍奮闘をしても、ペスタロッチーを誹謗中傷する地域の人も多く、さらに、子どもの体調がよくなると家に子どもを連れ戻す親もいて、ペスタロッチーの苦労が続く。それと同時に、「児童各自の粗野と全児童の無秩序」に悩まされるが、ペスタロッチーは、子どもたちに「立派な教育を受け、学識と才能とを身に具して同胞のなかにはいり、彼らのために奉仕できて尊敬も受けるという希望」を与え続け、子どもたちの「内面力」を育てようと努力する。

●孤児院での子どもの指導

その内に、二、三人の子が学習に興味を抱き始め、「朝早くから夜遅くまで、ほとんどぶっ通しで学習するようになり」、その子たちの姿が、「すべての子どもの態度を支配して、学習は私の期待をはるかに超えるほどの成果をあげた」。そして、かつての「ひどく放縦な乞食の子が、（中略）平和と愛と慇懃とそして誠実とをもっていっしょに暮らしている」状態になる。

子どもの生活が落ち着いてくると、ペスタロッチーは、子どもの教育についての構想を練り始める。そして、「すべての教材を単純化し、もって、普通の人間が誰でもその子を教えられる」教材を作成し、「年齢がひどく不揃いの非常に多数の子どもを同時に大勢教えて、しかも、大いに上達させることができた」という仕組みを開発していく。

ペスタロッチーは、「私はもともと学習を労働に、学校を作業場に結びつけて、両者を統合させることを目的とした」という。その理念を実現する第一歩として、機械を導入し、

二、三人の子が紡ぐ作業に取り組むようになり、孤児院の活動は軌道に乗り始める。しかし、シュタンツの近郊に三千人を超えるフランス軍が近づき、政府は、六月六日に、孤児院を野戦病院とすることを決定する。そして、二二人の子は牧師などに引き取られたが、残りの子は放逐され、シュタンツ孤児院は閉鎖された。したがって、シュタンツでの実践は一月一四日に最初の子が来てから六か月弱で終了した計算になる。

●子どもを支え続けたペスタロッチー

教育学の教科書を開くと、ペスタロッチーは「生活が陶冶する」の理念のもとに、「直感教授法」を提唱し、明治期の教育に強い影響を与えたと書かれている。ペスタロッチーがそうした優れた教育思想家なことはたしかだろう。

しかし、ペスタロッチーの生涯をたどると、若い頃のノイホーフ、五〇代のシュタンツ、そして、晩年のブルクドルフと、恵まれない子の援助に一生を捧げた児童福祉の先駆者という印象を受ける。医師をしていた父を五歳の時に失い生活の苦労をした。そして、牧師をする祖父の住む村を訪ねて、村の子の貧しさを目にした。子どもの頃のそうした体験が孤児への共感に連なったのであろうか。

フレーベルやオウエンなどの一流の論客が私淑するなど、在世中から、ペスタロッチーは高い社会的な評価を得ている。しかし、ペスタロッチー個人は、晩年まで社会的な不平等と戦う実践家としての姿勢を持ち続けている。筆者はペスタロッチーの社会的な弱者に対する温かい眼差しと弱者を救おうとする行動力とに感動し、彼の足元に少しでも近づける生き方をしたいと思った。なお、『白鳥の歌』は最晩年に書いた回想風の自伝である。

アクティブラーニングという言葉がむなしく響く

J・デューイ『学校と社会』一八九八年

●コペルニクス的な転換

J・デューイの『学校と社会』は、子どもと学校との関係について「コペルニクス的な転換」を説いた書として知られる。

長い間、子どもたちは、「カリキュラムや教育方法が画一化」された学校の中で、「機械的に集団化」された学級を通して「受動的」な学習を強制されてきた。これでは、子どもの成長を期待できない。コペルニクスが大体の中心を地球から太陽に移したように、「子どもが太陽となり、その周辺を教育の諸々のいとなみが回転する」形へ、学校のあり方を一八〇度転換させることが必要だ。「子どもが中心である、この中心のまわりに諸々のいとなみが組織される」学校作りを目指すべきだと提唱する。

周知のように、デューイはアメリカのプラグマティズムを代表する思想家で、アメリカ哲学界の会長も務めている。そうした背景を考慮すると、本書が教育理念を説いた抽象度の高い専門書のように感じがちだ。しかし、本書の中核ともいえる「学校と子どもの生活」（第二章）は具体的で読みやすい。

シカゴ大学に勤務していたデューイは一八九六（明治二九）年に大学内に小さな実験学校を設置する。しかし、大学内に反発する動きも見られたので、大学の同僚や保護者に実験学校の意図を理解してもらうために三回の講演を行った。その記録が本書の一、二章に収められている。そうした意味では、本書は教育実践を踏まえた提言という性格が強い。

●「経験主義」と「本質主義」との争いの中で

デューイは、本書の中で、学校を「暗記と試験による受動的な学習の場ではなく、そのなかで子どもたちが興味のある活動的な社会生活をいとなむ小社会」（本書の岩波文庫版「解説」から）へ転換すべきだと提起している。そうした主張は、アメリカでは「経験主義」あるいは「進歩主義」（プログレッシブ）の教育と呼ばれる。

それに対し、学校の使命は、過去から継承されてきた知識や技術の体系を正確に子どもに伝達することととらえる「本質主義」（エッセンシャル）あるいは「伝統主義」の主張がある。そして、「本質主義」を代表するハッチンス（シカゴ大学学長）を中心に、「経験主義」を標榜するデューイたちと激しい理論的な論争が展開されている。

　一九七二（昭和四七）年に筆者は初めて渡米したおり、シアトルの小学校を訪ねる機会があった。そして、日本の学級しか知らない筆者は、学級の中でのびのびと動き回っているアメリカの子どもの姿に衝撃を受けた。同じ算数の時間でも、取り組む教材が個々の子で異なるだけでなく、時間帯によっては、算数をやる子や本を読む子、絵を描く子など、それぞれが異なる学習をしている姿もあった。それと同時に、教師が一斉授業をする時間が短く、多くの時間を個々の子への対応に費やしているのが印象に残った。

　その後、アメリカ西海岸の小学校を定期的に訪ねるようになった。そして、市町村により学校の姿が異なるだけでなく、同じ市内でも学校差が大きい。さらに、学校内でも教師の個性が発揮され、教師の指導に開きが見られる。その結果、日本の学校ならどこを訪ねてもそれほどの変わりが少ないが、アメリカでは、一〇学級を訪ねると一〇通りの教育が見られるのを知った。しかし、学習の主体は子どもで、教師は子どもの学習のサポーターという印象はどの学級にも共通していた。

　そうした意味ではデューイの提言から七〇年程を経て、少なくとも、アメリカ西海岸の小学校にはコペルニクス的な転換が浸透しているのを感じた。もっとも、訪問する年度により、子どもの個性を尊重する「オープン・コンセプト」の学校作りが人気となった時期もあれば、学力を定着させる伝統的な教育が尊重される時代もあった。一〇年くらいの周期で、「経験主義」と「本質主義」との間を揺れ動いている。というより、アメリカの教育は「経験主義」と「本質主義」、あるいは、「進歩主義」と「伝統主義」とのせめぎ合いを通して発展していく。

こうした両者の対立を地域レベルでとらえると、隣接する地域に「伝統」堅持校と「進歩」志向校とが共存する。そして、学校選択制の下で、保護者がわが子の入学先を選択するので、保護者の意向を配慮しつつ、「伝統」重視校が「経験」性を加味する一方、「進歩」校も「系統」性を配慮する。そうした過程をたどりながら、地域ごとの教育改革が緩やかに進んでいく印象を受けた。

●「経験」を教育実践に組み込む試み

経験主義の教育では、文字通りに、子どもの経験を学習の根底に据える。といっても、何でも経験させればよいというわけではない。経験をきちんと構造化しないと、「ゴッコ遊び」や「はい回る経験主義」と揶揄されるような学習性の低い実践となりやすい。それだけに、どういう目的でどういう種類の経験を子どもに積ませるかという経験の構造化が重要となる。

デューイは、『学校と社会』の後も『民主主義と教育』（一九一六年、松野安男訳・岩波書店、一九七五年）や『経験と教育』（一九二八年、市村尚久訳・講談社、二〇〇四年）などを著して、経験の理論化に努めている。特に、『経験と教育』では、単なる経験の積み重ねを教育とはいわない。経験には連続性が大事で、その経験も環境との相互作用を通して、再構築されていくべきと指摘している。

なお、アメリカでは、そうした経験の理論化と並行する形で、経験理論を教育現場に生かすためのさまざまな教育改革が試みられている。

例えば、二〇世紀初頭に盛んだった「プロジェクト・メソッド（考案法）」は、子どもが「目的―設定―計画―遂行―評価」の五段階を踏まえて学習を進める実践である。また、一九四〇年代には、アメリカ西海岸を中心に、子どもの主体的な経験を重視する「コア・カリキュラム」が試みられている。コア・カリキュラムのもとでの学習は、コアとなる中心課程と知識や技能を学ぶ周辺課程から構成されるが、その際、「コア（中心）」の単元をいかに抽出するかが重要になる。具体的には、経験をいくつかの領域（スコープ）に分け、それと発達段階（シークエンス）とをクロスさせ、学習単元（ユニット）を抽出する。そして、子どもたちは「パン屋の仕事」や「小川の生き物」、「ハローウインを祝おう」などの単元学習に一〇日程度を費やす。そうした中から、バージニアプランやカリフォルニアプランなどの著名な実践が誕生している。なお、第二次世界大戦後の日本でも、アメリカの影響を受け、北条プランや明石プランなどのコア・カリキュラム運動が試みられている。

さらに、一九七〇年代から、教室の壁を払って、子どもの学習する場を広げる「オープン・コンセプト」の試みが浸透している。しかし、実際にオープン・コンセプトの学校を訪ねると、スペースフリーの教育は混乱を招きがちで、構想通りの展開がそれほど簡単でないのを感じたが、アメリカの教育は、こうした試行錯誤を繰り返しつつ、発展を遂げてきたのであろう。そして、少なくとも初等教育に限れば、こうした教育改革の指針となったのがデューイの「コペルニクス的な転換」の指摘だったように思われる。

●アクティブラーニングという言葉遊び

ここ数年、書店の教育書コーナーをのぞくと、「アクティブラーニング」本の花盛りだ。アクティブラーニングは、二〇一二（平成二四）年の中教審答申で、「受動的から能動的へ」学習の「質的転換」が提案されたのを受け、当初は高等教育を対象とした課題だった。その考え方を初等教育まで広めるために、文科省が音頭を取り、各県でアクティブラーニング研修が展開されている。

しかし、日本のアクティブラーニングブームに疑念を感じる。たしかに教師による一斉指導は子どもに受け身の学習を強いるなどの多くの問題をはらんでいる。それだけに、子どもの自主的な経験を尊重することは大事だし、望ましいとは思う。しかし、「個々の子の自主性の尊重」といった瞬間に状況が一変する。考えてみると、四〇人近い子どもを一人の教師が教える教育は経済的な効率の面で優れている。それに対し、個々の子どもが自主的に学習するためには、人数分の多様な教材が必要となるし、個々の子が学習をするスペースも欲しい。当然、担任の他に、複数の教員によるサポートも必要だ。ということは、アクティブラーニング的な経験主義の教育が一斉授業の形よりコストがはるかにかかる実践であることを意味する。だとすると、文科省はコスト高を覚悟して、アクティブラーニングを提唱しているだろうか。

さらにいえば、子どものアクティブを尊重するなら、子どもの多様な動きに応じて、学校や学級で独自の指導を試みることが前提になる。となると、アクティブラーニングを進めるのなら、日本でも、文科省は大枠を提示するだけにとどめて、地方自治体に教育課程作成権を託すと同時に、各学校や各教師の授業裁量権を大幅に認めることが必要となる。しかし、現実を見ると、国が学習指導要領の詳細を規定し、教育委員会がその実施を細かくチェックする状況が続いている。そうした体制の中でのアクティブラーニングの提唱は、手足を縛った囚人に行動の自由を認める状況を連想させるものがある。

欧米の小学校を視察して帰国した直後、日本の学級を訪ねると、学級の中心に教師がいて、子どもは受容するだけ。子どもが生き生きとしていないのを感じる。冒頭のデューイの指摘に戻るなら、「コペルニクス的転換」がなされる前の学校の姿である。本来のアクティブラーニングは、日本の学校がそうした転換をする第一歩のはずだが、学校の枠組が和ぐ気配は感じられない。そして、アクティブラーニングという言葉だけがむなしく教育界に響いている。

II

子どもたちにとっての昭和
——昭和の子どもは貧しかった

昭和の子どもは貧しかった。一九五五（昭和三〇）年でも高校進学率五二％で、ほぼ半数の子は中学卒で働きに出ている。そうした貧しい境遇にいる子どもに支援の手を差し伸べたのは学校の教師で、多くの教師がソーシャルワーカー的な動きをしていた。そうした中で、どの子も、貧しくとも、たくましく生き抜こうとしていた時代である。

ボトムアップ型学校改革の優れた実践

平野婦美子『女教師の記録』一九四〇年

●昭和初期の農村の子どもの暮らし

平野婦美子（旧姓は佐久間）は、一九二六（大正一五）年四月、千葉女子師範を卒業後、一八歳で千葉県長浦村（現・袖ケ浦市）の小学校に赴任する。赴任したのは、北条線（現・房総西線）の木更津の次の駅・楢葉で下車し、徒歩十数分、「波の音が教室まで届く海辺の学校」だった。なお、長浦小は教員数が七名、各学年一クラスの単級学校で、婦美子は四年生男女五三人の担任となる。子どもの家庭はすべて農家だった。時代は昭和に入っているし、長浦は古くから栄えた木更津に隣接する地域だから、子どもの暮らしは都市部とそれ程変わらないようにも思う。しかし、農村育ちの子どもに都会育ちの婦美子は当惑する。

「児童の欠席の多いのに驚かされました。毎日、五人から六人、多い日には一二、三人も欠席するのです」。病気の子もいるが、「働く為に学校を休み、『ひまをください』という子が多いんです」。また、「雨の降る日は二、三人は休みます。雨具がないからと言います」。実際に、多くの親は「今日は雨降りだから、今日は雪降りだから、今日はお祭りだからと云っては『休め、休め』」という状況だった。そこで、家庭訪問をしてみるが、「机を持っている子供など、学級に一人いるかいないである」状況なのを知る。

調べてみると、「男二七人の中、猿又をはいていた子はたった一人、女子は二五人とも一人残らずズロースをつけていない」。そこで、日曜日に子どもたちと海へ行って蛤や浅蜊をとり、それを売り、子ども分の下着の生地を買い、裁縫の時間を使って、下着を作らせることを思いつく。実施してみると、子どもは喜んで裁縫を始め、自分の下着を作った。

●村の子の貧しさと向かい合って

婦美子によると、「私の組の試案がやがて全校に及ぼして、五年生も、六年生も、高等科の女生徒も全部自分自分の手で縫い上げた。やがて、まだ針のもてない低学年の子供の分まで縫ってやることになった」。その後、保護者も資金面での支援を申し出るようになり、全校児童の運動服を縫い上げる運動に広まる。

また、「女の子は全部髪の虱で悩まされていた」ので、用務員に頼んで大釜に湯をわかし、女の子を校庭に集め、シャンプーと除虫菊を混ぜ、髪を洗っている。子どもたちは「天国へ行ったようだ」と喜んだという。

このように婦美子は村の子の貧しさと向かい合い、学習以前の問題と格闘していく。また、「子供達は、教科書以外は一冊の本すら持っていません。子供の読む本や雑誌など、この村には入って来ないのです」の状況もあった。そこで、婦美子は四五円の給与から毎月三円を「子供図書館」の費用にあて、『赤い鳥』や『金の船』を求めると同時に、知人に頼んで、子ども雑誌を集め、小さな子供図書館を作る。そして、夏休みなどには、村への本の貸し出しを行っている。

●進学競争の中の学校

婦美子は一九三〇（昭和五）年に結婚し、四月に千葉県の市川尋常高等小学校へ転勤し、二年生の担任になる。当時の市川は東京に隣接した文化住宅地として知られ、市川小は一八七四（明治七）年創設の伝統校であると同時に、学級数五三、教員数六四、児童数三千名の大規模学校でもあった。

そうした学校差以上に、婦美子は、長浦と市川の子の育ちの違いに当惑する。長浦では「私は湯を沸かしては石鹸で手足を洗ってやり、長い爪を切ってやったが」、市川の子は

「どの子供の手もすべすべした人形のような手であった」。机の中も、長浦では「墨のついた雑巾も、本や鉛筆も、弁当箱もごたごたに雑居し」、「整理整頓をしつけるのも大変だった」。しかし、市川の学校では、「机の中でも、ノートでも、教師が口喧し事を言はなくとも、きれいであった」。そして、「絵を描いても、字を書いても、農村の子供とは比ぶべくもなく上品で美しかった」。

それだけに子どもを指導しやすい反面、「教室の空気は冷たく寒々としていた」。どの子も「点数といふことにとても敏感だった」。テストの時は下敷きで答案を隠し、点数を比較しあう。学級の三分の二が中学を受験するので、「父兄達の点数の敏感さは子供以上だった」。

この時期、中等教育への進学熱が高まり、大都市を中心に（旧制）中学を受験する小学高学年を対象として放課後の補習教育が蔓延している。文部省は小学校での補習教育を禁止する通達を出すが、隠れて補習をする学校が多かった。そのため、一九二八（昭和三）年の中等学校入試では、補習の弊害を排除するため、筆記試験をとりやめ、内申書と面接のみの選抜を実施している。

そうした改革が必要とされる程の教育過熱状況だっただけに、婦美子は、子どもの「エゴイズムを打破り、点数崇拝の気風を改める」ことが大事だと考える。そこで、子どもの心を育てる目的で学級の詩集『青空の道』を作っているが、その他にも、週報の「かたらい」や「太陽の子供」などの学級便りも配っている。また、一九三六（昭和一一）年に一年生の担任になったおり、婦美子は教室に「学級ポスト」を作っている。子どもたちが不満や希望をポストに入れると、婦美子から個人的な返事をもらえる仕組みである。

●工場地帯の学校の子ども

婦美子は市川で一九三八（昭和一三）年三月までの七年間を過ごし、その後、夫の仕事の関係で、東京へ転勤する。勤務校の第四日野小学校は、一九二五（大正一四）年に品川の工場地帯に設置され、教員は二十七名だった。「市川の至れり尽くせりの環境と比べると」、図書室の本は市川の五分の一程度、「扇風機のある部屋や電気ストーブの設備などはない」状況だった。そうした学校差以上に、婦美子は、市川の子と比べ、工場地帯の子どもの気質の違いに驚く。

習字の時間に水差しが割れているので、「どなたかの家に醤油さしの余分ないのかしら」とつぶやく。市川の子なら、「そんなら僕の家にあります」と、次々に手を上げるし、長浦の子は先生のつぶやきには無関心で、話を聞き流す。それに対し、品川の子は「一人もうんともすんとも答えなかった」。しかし、翌日、一人の子が「机の蓋を開けては、覗き、又閉じ、開ける」をしているので、傍によって、机を開けると、新聞紙に包まれた醤油さしが入っていた。その子は「顔を赤らめ、はずかし気にしている」が、他にも何人かの子が醤油さしを持ってきていた。そうした子を見て、「ここの子供は、自分の意思を思う存分に表現しない。表現しなくとも感じている。つつましやかに秘めている」態度をとるのを知った。

婦美子は、初年度は二年の担任だったが、次の年に、一年生六〇人の担任となる。「幼稚園へ行った子供が五人、後は何等の教育をうけていない子供達ばかりで」、どの子も爪を伸ばし、「目脂を一ぱいためて、鼻汁をたらしている」。工場地帯の親は仕事に追われ、子どもをしつけようとする気がない。そのため、どの子も三歳頃までのしつけができていない。こうした子どもには「日常生活の訓練」が大事で、「授業時間にちょっと教室へ来て、授業が終わればさっと職員室に引き上げてしまうようでは」子どもの指導はできない。廊下でも、運動場でも、「子どもの居る所、必ず教師ありで、その場合場合が、教材であり、教場である」というような「細かい指導の手」を行き届かせることが肝要だと記述している。

●理想の教師像に接した思い

このように、婦美子は勤務校が変わると、その地域の子どもを見つめ、地域に応じた指導方針を見出している。例えば、二校目の市川の小学校ではインテリの家庭が多いので、保護者に児童図書の寄贈を依頼して学級に「子ども図書館」(本箱)を設置し、児童図書の貸し出しをする他に、「博物館」という戸棚を置き、保護者から贈られた各地の物産や絵葉書を常置している。

しかし、地域的な条件に恵まれた市川でも、婦美子はすべての子への「きめ細やかな対応」に難題さを感じる。そこで、教員は「学区内に住まねば駄目」と考え、住まいを校区内に移す。その結果、「私の家は子どものクラブのようになった」という。二四時間体制の指導となるので、この姿をすべての教員に望むことは避けたい。しかし、『女教師の記録』を読んで、教師の理想像に接する思いを強く抱いた。

なお、実践家の場合、理念が優れているほど、周囲との乖離が生じがちだ。しかし、婦美子は女性らしいきめ細やかさで周囲に共感者を作り、共感者の協力を得ながら、実践の影響を広め、結果として学校の体質改革を実現している。最初の赴任校・長浦小では用務員や裁縫の先生の協力を得ているし、市川小でも、周囲の先生の協力を得て、学級の図書室が全校規模の図書館へ広がっている。また、どの学校でも校長を自分の実践の理解者にしている。校長に自分の計画を細かく説明し、報告もしたのであろう。

学校の中で、担任だけでできることに限界がある。しかし、各担任が自分のクラスで工夫を凝らしつつ、そうした動きを学校内に広め、学校を改革していく。そうした下からの改革が学校作りの理想であろう。優れた学校改革は、ともすると校長指導のアップダウン式になりがちだった。それだけに、ボトムアップ型改革の可能性を示唆する優れた実践として、婦美子の歩みを高く評価したいと思った。

波乱の人生の出発点

豊田正子『綴方教室』一九三七年

●昭和初期の子どもの暮らしを描く

『綴方教室』は、東京の下町の小学三年生の豊田正子が、一九三二（昭和七）年から、担任の大木顕一郎の指導の下に書き始めた二六編の作文から構成されている。職人の父が通勤用の自転車を盗まれ、困りぬいたという「自転車」や童話・童謡雑誌の『赤い鳥』に初入選した「うさぎ」も印象深いが、同誌の「特選」となった「にわとり」（当時は四年生）を紹介してみよう。

野沢さんが「一羽、ねじっちまおうと思って」といいながら、鶏を持ってくる。「とりは赤黄色で、足の方は、ぶるぶるふるえていました」。野沢さんは「俺は料理するけど、殺すのはいやなんだよ」というので、いろいろな人に頼むが、最後は父親が「釘ぬきで、とりの首を二三回なぐった。とりは『ゲゲェ』と鳴いて、目を白くつぶって死んでしまった」。

とりを逆さにして、血を出し、その後、母親がとりをさばき始める。「小さなふくろ見たいな、へんな赤桃色のを、とりのお腹からとり出した。『それなんだい』とかあちゃんに聞くと、『これは、いぶくろだよ』と言った。そこを切って、中をあけてひっくりかえすと、わらのこまかくきざんだようなものや、なっぱのこまかくきざんだみたいなものが出た」。その後、正子が五銭で買ってきたネギを入れて、母親が鍋を作る。「父ちゃんは、なべのふたをあけて、『こりぁ、ずいぶん食いでがあらァ』と言った」。「肉は、とてもおいしかった。私と稔とはたくさん食べた」。骨は、あくる朝、ソップにしたら、とてもおいしかった」という。

●『赤い鳥』の投稿ページ

『赤い鳥』は、一九一八（大正七）年、鈴木三重吉が子どもの読物の多くは「センセイショナルな刺激と変な哀愁とに充ちた下品なものだらけ」と批判し、当時の大家や有望な若手に執筆を呼びかけた児童文学運動だった。そして、芥川龍之介の「杜子春」や北原白秋の「からたち」などが掲載されたことで同誌の知名度が高まる。なお、この時期、『金の舟』（後の『金の星』、一九一九（大正八）年）や『童謡』一九二〇（大正九）年などの児童文学雑誌の発刊が続くが、三誌とも、童謡の投稿を呼びかけている。しかも、『赤い鳥』

は鈴木三重吉、『金の舟』は野口雨情、『童謡』は西条八十が投稿される童謡の選者で、毎号、選者の講評も含めて入選作を発表して人気を集めていた。投稿者には、大人の童話作家志望者も含まれ、金子みすゞもその一人だった。

しかし、関東大震災（一九二三（大正一二）年）や世界恐慌（一九二九（昭和四）年）などの影響もあって、児童文学誌の廃刊が続き、『赤い鳥』も一九二九（昭和四）年三月号で休刊となるが、その後、一九三一（昭和六）年一月に復刊する。その際、鈴木三重吉は投稿欄の充実を図った。そして、三重吉の綴方の他、自由詩は北原白秋、自由画は山本鼎が選者となり、小学校の教師に、教え子を指導して作品を投稿するように呼びかけている。そして、綴方では、父子とも熱心な指導教員だった鈴木文助・不二男親子、あるいは、蔵王で金子ていを指導した太田天龍など、各地の教師が、教え子の作品を『赤い鳥』に投稿する実践を試みている。

正子の担任・大木顕一郎もそうした一人で、正子の作文を指導し、「うさぎ」などを『赤い鳥』に投稿している。そして、鈴木三重吉は先の「にわとり」について、「いやみがなく、どこまでも純真で、かわいいところが勝利です」。そして、「全編がまるで芝居の実演を見でもするような流暢な愉快さがあります」と「選評」している。

●「写生文」の指導

鈴木三重吉は、『赤い鳥』誌上で、繰り返し、「ありのまま」を大事にする「写生文」としての綴方を提唱している。その際、情景を細かく観察すると同時に、話し言葉はその通りに書く。そして、そうした感性の部分は、指導者でも添削しないように指示している。

なお、『綴方教室』は、どの資料に準拠するかで細かな内容が異なる。先ほどの引用は『定本版　綴方教室』（豊田正子著、理論社、一九六五年）をふまえているが、『新編　綴方教室』（豊田正子著、山住正巳編、岩波書店、一九九五年）には、大木顕一郎の指導記録も載せられている。

「光男（一）」は、三年生の正子が綴方を書き始めた頃の作品だが、「私の弟はとてもおもしろい子です。かおがまんまるです。私が学校からかえってきますと、とびだしてきます。ごはんをたべる時は『ちゃんおもいよ』といいます」で始まる。この作文について、大木は「光男の輪郭を記述しただけのもので、概念的で、実感味が乏しい」。そうした場合、「埋もれかけた記憶を蘇らせたり、印象を抽出して」、「『まだ、まだ書くことが沢山あったのだ』と気づかせ、「文の拡充」を図ることが大事だと指摘している。

実際に「光男（一）」を書き直した「光男（二）」では、「なまえは光男といいます。とてもおもしろい子です。かおは、まんまるで、少しふとっています。私が学校からかえってきますと、とびだしてきて、『ねえが、たえってちたよ』といいます。ごはんをたべる時などは、『ちゃん（おちゃわん）おもいよ』といいます」と、表現が生き生きとしてくる。大木は、低学年で「書き拡げ」、高学年で「文の充実」を心がけ、全体として、「文の拡充」をすることが作文指導の本質だと述べている。

●『赤い鳥』と『少年倶楽部』

なお、『赤い鳥』は売れ行き不振が続き、一九三六（昭和一一）年、三重吉の没後に廃刊となる。しかし、同じ時期、巷では「黄金バット」が紙芝居ファンの子の心を摑んでいる。また、『少年倶楽部』（大日本雄弁会・現在の講談社）も田河水泡の「のらくろ」や島田啓三の「冒険ダン吉」のマンガが人気となり、売り上げを七五万部に伸ばしている。

『少年倶楽部』というと、子どもたちに購読禁止を命じた学校も多いので、低俗雑誌と評価されがちだ。しかし、あらためて手にしてみると、マンガは前述の二作だけで、その他は山中峯太郎の『亜細亜の曙』や江戸川乱歩の『怪人二十面相』などの長編小説が多くを占める。それに加え、小学生からの投稿も掲載され、子どもの心を踏まえた楽しめる総合雑誌という印象を受ける。

なお、作文指導に関連して、同じ時期に、綴り方指導に着目した「北方性教育運動」（八二―八三頁参照）が東北を中心に展開されている。この「北方性教育運動」では、子どもに生活を見つめさせる手段として綴り方を重視する。そして、農村に住む子どもに綴り方を通して生活の貧しさに直面させ、それを乗り越える力をつけようとする。それだけに、運動としては、東京の山手を背景にサロン的な雰囲気の漂う『赤い鳥』とまったく異なる方向への歩みをたどっている。

こうした状況を視野に入れると、『赤い鳥』は童心礼賛を土台とした児童文化運動だが、芸術家が理想として描いた観念の中の子ども像を提示した印象を抱く。その結果、現実の子どもの姿とは遊離し、東京の山手を中心に支持層を見出したものの、支持層の広がりを欠きがちだった。それだけに、鈴木三重吉という強力なリーダーを失うと、後継者を見出せないままに、赤い鳥運動も急速に衰退していく。

●感性で生き抜く

一九三七（昭和一二）年、大木は、豊田正子の作文の指導の過程を大木顕一郎・清水幸次著『綴方教室』として刊行する。同書は子どもの素直な感性が描かれていると評判になり、翌年には山本嘉次郎監督・高峰秀子主演で映画化される。その後、小学校を卒業し、工場で働くようになった正子の一五歳の頃の作文をまとめたのが、大木顕一郎編『続綴方教室』（一九三九（昭和一四）年）である。しかし、『綴方教室』の印税が大木に支払われ、経済的に困窮する正子の家は一円も手にできなかった。その点が当時の社会問題化している。

大木の指導があって正子の才能が開花したとは思うが、正子という存在があって『綴方教室』が成り立ったのも半面の真理であろう。とすれば、印税の中から一定程度を正子の家に渡すのが筋だったと思う。正子も大木の金銭的な処置に疑念を抱きながらも、大木を信頼し、一時期、大木家と養子縁組をしている。しかし、最終的には、大木に感謝しつつも、不信感を強めていく。

その後の正子は、母の一生を描いた『おゆき』（一九六五（昭和三九）年）、名女優・田村秋子の晩年を綴った『花の別れ』（一九八六（昭和六一）年）など、細やかな観察力を生かした作品を発表している。その一方、共産党への入党や脱党、中国に渡っての文化革命への賛同や失望、さらに、個人的には、年上の作家、『山の民』で知られる江馬修（一〇三―一一〇頁参照）との同棲と解消など、波乱に満ちた人生を送っている。

心のおもむくままに生き貫いた生涯だが、安住の地を求め続けたという印象も抱く。その出発点が『綴方教室』だった。

この本の第二次世界大戦下の子どもの姿は誇張ではない

山中恒『ボクラ小国民』一九七四年

大橋巨泉や愛川欣也、前田武彦、そして、永六輔。いずれも今は亡き著名なテレビタレントだが、彼らは権力による民主主義への侵害に体をはって抵抗する平和主義者でもあった。森友学園や加計学園に世相が揺れる現在、巨泉や欣也の声が聞こえないのが残念でならない。タレントの彼らが自身の不利益を顧みずに、どうして体制に反旗を翻したのか。彼らは戦時下に子ども時代を過ごし、権力の怖さや欺瞞さを体験した世代だけに、戦前への回帰に敏感に反応し、民主主義を守ろうとしたのであろう。

●玉音放送の思い出

筆者は一九三三（昭和八）年生まれなので、小学六年生の時に敗戦を迎えた。戦後も七〇余年を経て、思い出も風化しがちだが、敗戦の日のことがもっとも強く印象に残っている。

一九四五（昭和二〇）年八月一五日は雲一つない快晴の暑い日だった。隣組の連絡網を通して、一五日の正午に玉音放送があるから聞くようにというお達しがあった。その頃、白石市（宮城県）に縁故疎開していたが、大家の家に近所の大人や子どもが集まった。正午となり、「只今より重大なる放送があります」というアナウンサーの厳かな声に続いて、「君が代」が流れ、甲高い声の玉音放送が始まった。しかし、難しい言葉の羅列にラジオの受信状況の悪さも加わり、大人たちも放送の意味をとらえにくいようだった。あれこれと話をしたが、「忍び難きを忍び」だから、一億総玉砕を覚悟しようという大家の一声で散会となった。

玉砕なのかと迫りくる死を覚悟しながら、放心した気分のまま、町を歩き、何となく小学校の校庭に入った。その頃、小学校には陸軍の中隊が駐屯していたが、何人もの兵隊が脱力した感じで地面に座り泣きじゃくっていた。その傍らに、抜き身の日本刀を振り回す将校の姿があった。校庭は静寂で、セミの声だけが響いていた。その瞬間、敗戦を直感した。そして、虚脱というより、生きられるという安堵感が迫ってきた。

●迫りくる戦争の影

前述したように、筆者は、一九三三（昭和八）年、老舗の下駄店の長男として、東京の上野に生まれた。店は上野の駅前にあったが、友とともにメンコやビー玉で放課後を過ごす平和な日々が続いた。しかし、戦争の激化につれて、小僧さんや番頭が兵役にとられ、店の素材も求めにくくなって、店をたたみ、一九四二（昭和一七）年に市川（千葉県）に転居することになった。

町の店から商品が消えはじめ、一九四一（昭和一六）年からお米の配給制、翌年の衣類の切符配給制の実施など、子ども心にも戦時下の生活が迫ってくるのを感じた。学校でも、軍服にゲートルをまいた男の先生、もんぺ姿の女の先生が増え、登下校の際の奉安殿への最敬礼の励行が厳しくなった。やがて、防空頭巾を持って登校するようになるが、警戒警報が出されると学校が休みになるので、初めの内は、警戒警報も悪くなかった。その後、空襲警報が出される回数が増え、実際に敵機の姿を目にするようになる。その前後、何人もの男の先生が軍人勅諭を唱えながら出征し、その度に、学校で武運長久を祈る壮行会が持たれた。

一九四五（昭和二〇）年三月一〇日の東京大空襲の晩は、東京の空が真っ赤に燃え続けるのが市川からも見えた。翌朝、国道にはぼろぼろの衣服をまとい、命からがら東京から脱出した人々の列があった。あちこちで炊き出しが始まり、着替え用の下着や衣服を差し出す人もいて、国道は戦場さながらの惨状だった。その後、市川にも焼夷弾が落ち、低空を飛行するグラマンからの機銃掃射を避けて逃げまどう日々が続いた。といって、両親とも東京育ちなので地方に知人はなく、長年、店の手伝いをしていた人の縁で、白石へ疎開することになった。

●「七つボタン」を進路と信じて

疎開先の白石小学校での担任は、白石生まれの町の人からの信頼の厚い先生だった。あるごとに、疎開してきた子はつらい思いをしてきたから、みんなで温かく迎えようと話してくれた。そうした指導のせいか、いじめにも遭わず、空襲からも解放され、東北の町での暮らしに適応していった。都会育ちなので、友だちと白石川で鮒やはやをとる、山へ入ってアケビを食べるなどは新鮮な体験だった。

担任はグライダーの操縦の達人でもあったので、予科練を目指した指導を始めることになり、小六から四人が選ばれ、その一人になった。その時に考えたことを今も覚えている。いずれ兵隊となり死を迎えるにしても、陸軍だと重い武器を背負って何日も歩かねばならない。海軍も船に魚雷が命中したら全員が死亡する。空軍ならうまく操縦すれば生き残れるし、駄目でも敵艦に突っ込めばよい。自分で死を選べるから、空軍がよいと、先生の勧める操縦のための基礎訓練に参加した。夏休みに入っても訓練の日々が続き、「七つボタンは桜に碇」が目標となった。そして、当然のように、残り数年の命と信じていた。

●進駐軍が町にやってきた

　そうした日々を送っていただけに、敗戦は生きる望みを与えてくれた。それから半月後の八月末、アメリカの進駐軍が仙台に駐屯するために、国道を通るというお達しが伝わってきた。それと同時に、アメリカ軍は略奪の限りを尽くすといううわさが町中に広まった。そして、子どもを山にかくまう、あるいは、髪を短く切って男装するおばさんの姿もあった。当日はどの家も雨戸を閉め、進駐軍が通り過ぎるのを待った。しかし、子どもの直感なのか、それとも、単なる好奇心だったのか、進駐軍は悪い人でない気がして、国道の横に身を潜めて、進駐軍の到来を待った。

　遠くからマーチ風の音楽（今思えば、「星条旗よ永遠なれ」であろう）とともに、ジープを先頭に進駐軍が町はずれにやってきた。そして、カーキ色の制服を着た兵士数名がジープから降り、バスケットを片手に国道を歩き始めた。危険はなさそうなので、家の影から姿を見せると、兵士が手招きをする。近寄ると、小さな板状のものを取り出し、口に入れてくれた。兵士の真似をして噛んでみると、味わったことのない甘い香りが口一杯に広がった。それがガムとの生まれてはじめての出会いだった。いわれた通り、両手を差し出すと、チョコレートとガムを渡してくれた。それを見ていた他の子も国道に飛び出してきて、チョコレートをもらい、ガムを口にほおばった。やがて、進駐軍の戦車がゆっくりと動き出し、音楽を鳴らしながら、進駐軍は国道を北上していった。

それまでの怖いだけの日本の軍隊と違い、優しくにこやかな進駐軍の兵士に接し、どの子も興奮状態だった。そして、ガムをかみながら、アメリカ兵士との出会いをしゃべりあった。

●権威への不信感が強まる

九月の新学期が始まった。国旗掲揚もなくなり、校長先生もしょんぼりして、学校全体が無気力な感じだった。ただ、担任の先生が、緊張した表情で、「これまでの指導は間違っていたから謝る。これからは君たちの時代だから頑張るように」と話したのが印象に残っている。正直なところ、先生がどうして謝るのか分からずに、みんなきょとんとしていたが、先生の気持ちが伝わる感じもした。

その後、聖域のように扱われてきた奉安殿や二宮金次郎像が撤去され、「神武・綏靖・安寧」という暗誦も無意味となり、神聖な教科書の墨塗りが始まった。そうした体験を重ねる内に、権威への不信を強く感じるようになった。戦時中、御真影はたかが写真だ。奉安殿に何も入っていないのにどうして最敬礼をするのかなど、小六の子なりに不信を感じることもあった。しかし、そうした疑問を感じること自体が非国民的だと、疑念を抑えたのを記憶している。しかし、敗戦後、教えられたことが間違いで、自分の直感の方が正しいことが分かった。それと同時に、頼れるのは自分の判断だけと思うようになった。

その年末、食糧事情が良くなるまで、白石に残ってはと担任は慰留してくれたが、一家で市川に戻ることになり、疎開生活は九か月で終わった。東京に戻ってほどなく、ラジオから『カムカムエブリボディ』の英会話（一九四六（昭和二一）年二月）が流れ、アメリカ文化を満載した『リーダーズダイジェスト』（一九四六年六月）が飛ぶように売れ、アメリカン・デモクラシーの時代になった。食べるものにも困る貧しい時代だったが、一人ひとりが主役でどの人も平等という活気にあふれた社会だった。そうした中で、「七つボタン」の悪夢から覚め、「赤バット・青バット」に憧れる野球少年としての日々を送るようになった。

もう一年早く生まれていたら、青年として戦時色に巻き込まれたし、一年遅いと、戦時色を実感する割合が少なかった気がする。そう考えると、一九三三（昭和八）年生まれは、二年生の時に第二次世界大戦が始まり、六年生の時に敗戦を迎えた。それだけに、戦争を強烈に感じた世代だった。そうした体験を通して、権威の凶暴さや欺瞞さを知ると同時に、民主主義を守ることの大事さを感じた。そうした信条が原点となって、それから七〇余年の生き方を支えてきたように思う。

●「ボクラ小国民」の時代

日本の教育が国家主義化する過程を明らかにした先行研究は多い。そうした中で、山中恒の『ボクラ小国民』は、子どもの視点から、子どもが国策に巻き込まれていく過程を克明に立証した数少ない名著である。

山中は、一九三一（昭和六）年に小樽に生まれ、小学二年生の時に平塚に転居している。そして、小学二年の思い出として、奉安殿の存在をあげている。「奉安殿は僕らにとって容易ならざる存在で」、前を通る時は、「きちんと停止し、奉安殿正面に向かって直立不動の姿勢をとり、最敬礼」をする必要があり、それが少しでも崩れていると、教師から、「天皇陛下に対し奉り不敬の心がある」と激しく叱責され、礼のやり直しと体罰を受けるのが常だった。きちんと礼をしないのは「最大級の反逆罪」になるので、「喧嘩して逃げたり追いかけたりしている時」でも、奉安殿の前では、休戦して、最敬礼をする必要があったという。

こうした天皇に対する忠誠は、奉安殿や御真影の扱いだけでなく、儀式の際の教育勅語の奉読の際に最高潮に達する。「式典には必ず『教育ニ関スル勅語』が奉読され、その間ぼくら生徒は、礼法にのっとり、頭をさげて拝聴しなければならなかった」。

山中は、「ぼくらの子ども期の初等教育は僕らをして『天皇の醜《しこ》の御盾となりて』死ぬこと、女子に対しては『銃後の妻となり靖国の母となる』ことが、最高の栄誉であり、それこそが『悠久の大義に生きる臣民の道』だと『徹底的に観念させるためのもの』だった」と要約している。

●山中恒の「小国民シリーズ」

第二次世界大戦下の学校の閉鎖的な雰囲気について、いくら克明に記述しても、体験していない世代には誇張に過ぎると感じるのではないか。しかし、奉安殿や御真影の扱いについて、各県が詳細な通達を発し、各学校は県からの指示を参照して、細かな「奉護規定」を設定していた。したがって、山中が指摘しているように、緊急事態の時、まず確保するのは学校関係の重要書類でなく、「御真影並ニ勅語謄本」というのも、すべての学校に徹底されていた。

もちろん、子どもを小国民として戦時体制に巻き込む仕組みは短期間に作られたものではなかった。山中によれば、三つの段階があり、第一段階は臨時教育会議（一九一七（大正六）年）、そして、第二段階の教学刷新評議会（一九三五（昭和一〇）年）、さらに、第三段階の教育審議会（一九三七（昭和一二）年）を経て、「皇国の道にのっとる錬成」が国民学校教育の使命になる。

改めてふれるまでもなく、山中恒は『赤毛のポチ』（理論社、一九六六年）でデビューした「児童よみもの作家（自称）」で、児童文学関係の作品は多い。そうした一方、第二次大戦下の子どもの姿に関心を寄せ、本書は第一巻だが、『御民ワレ』（二部）から『勝利ノ日マデ』（五部）の五部冊、補巻の『小国民体験をさぐる』に『小国民ノート』を加えた全七巻の「小国民シリーズ」を著している。

山中は、本書もそうだが、他の六冊でも、諸規定や学校の資料や子どもの記録、さらに、新聞記事などの豊富な資料を使い、資料を通して客観的な事実を伝える手法で叙述を進めている。その中には貴重な資料が含まれているが、そうした考察は専門的すぎて、多くの読者の関心外と思い、割愛することにした。なお、山中が、シリーズ脱稿後、全資料を小樽市立小樽文学館に寄贈し、後学の徒に役立てようとしたことも付記しておきたい。

本稿は二〇一九（平成三一）年の二月に執筆しているが、近年の日本の動向に暗い時代の再来を予感させるものがある。そうした再来を避けるためにも、本書のどこでもよいから、どこかの頁をめくり、窒息していた時代の子どもの姿にふれて欲しい。その際、山中の二年後輩として、本書で山中が取り上げた子どもの姿が誇張でないことを証言したいと思う。

教師は、指導した生徒の将来にどこまで責任を負うべきか

無着成恭『山びこ学校』一九五一年

●村の子どもの暮らしを見つめる

山形師範を卒業した青年教師・無着成恭は、一九四八（昭和二三）年に山元村中学に社会科の教師として赴任する。そして、社会科の教科書には「村に住む子供たちを立派に教育するための施設がととのえられている」と書いてあるのに、村の学校には地図も実験道具もなく、「破れた障子から吹雪がびゅうびゅうはいってくる」。教科書には正しいことが書いてあるのだから、村の学校の現状がどうして生まれたのか、村の貧しさの原因を調べ、それを、学級の文集「きかんしゃ」に載せて、みんなで村の暮らしを考えよう。そうした気持ちから始まった教育実践だった。その実践が山形新聞の須藤克三を通して国分一太郎の目に留まり、青銅社から『山びこ学校』として刊行されたのは、一九五一（昭和二六）年三月である。

『山びこ学校』を開くと、石井敏雄の詩「雪」が目に入ってくる。「雪がコンコン降る。人間は　その下で暮らしているのです」に接すると、雪深い季節の東北の里が脳裏をよぎる。次頁に文部大臣賞を受けた江口江一の「母の死とその後」が収録されているが、貧困にあえぐ山村の暮らしが伝わってくる。父の死後、頑張ってきた母も亡くなり、一家が離散することになる。母や祖母があれだけ働いたのに、どうして一家に四五〇〇円の借金が残るのか。疑問を感じた江一は村の貧困の原因を探っていく。

また、小笠原弘子の「わらびうり」は、友だちと三人で、山で採ってきた蕨を町に売りに行く話だが、川合ヤエノの「教科書代」には、社会科の本代と子供銀行の合計三四円二〇銭を持って来いと言われる。「なんていったらよかんべな」と一晩悩み、登校寸前に母親に頼むと、「このがきぴらだ口あくさえすると『ぜにけろ』だ。（中略）おらだ、おまえぐらいのときは、学校さえろくだにゆかせてもらえなくて、奉公に行った」といわれる。結局、母が隣家からお金を借りてくるが、ヤエノは「自分で銭をとって、なるべく家から銭もらねようにすらんなね」と思う。

なお、無着学級の四三名の内、父親不在が五名、家族の記述のある二三事例の内、きょうだいが七人以上は一八名（七八・三％）を占める。貧しい中での子沢山の時代である。

●自分たちの言葉に誇りを持たせる

『山びこ学校』が刊行されたのはほぼ七〇年前で、現在と断絶した世界の話と思いがちだ。しかし、『山びこ学校』は現在にも多くの示唆を投げかけているのを感じる。その一つは言葉の問題であろう。実際に、収録された作文の多くが山形弁で書かれ、その横に標準語のルビがふられている。川合末男の「うさぎ追い」を例にとると、「ほんてんか」（ほんとうか）や「ほだながあ」（そんなことか）、「やんだぐなたぜは」（いやになってしまった）である。

日本の学校では、当然のように東京の言葉で話されているが、これは文部省が明治初年に山の手（東京）の家庭の言葉を標準語として指定したことに由来する。特に一八九五（明治二八）年に国語調査委員会が標準語を設定し、その後、一九〇四（明治三七）年、国定教科書が制定され、標準語による指導が教室内で定着していく。しかし、各地方には、その地方の言葉があり、その文化の中で子どもは育つ。そうなら、使い慣れた地元の言葉を使った方が自分を表現しやすい。そう考えて、無着は綴方の指導にあたって、方言の積極的な活用を試みている。

方言とは意味が異なるが、現在、学校内に多国籍化の状況が生まれ、それぞれの母国語を持つ子が増加し、そうした子に日本語の教育が行われている。言語は思考の中核をなすだけに日本語の強制は多国籍の子の「日本人化」を意味する。アメリカの小学校では、母国語を尊重する傍ら、共通言語としての英語教育が行われている。無着が方言を大事にしたように、日本でも、日本語を共通言語とし、それぞれの母国語を尊重する教育が必要なのではないか。

●教育遺産としての生活綴り方

『山びこ学校』は綴り方を基本に構成されているが、背後に北方性教育運動を感じる。北方性教育運動は、一九三〇（昭和五）年、北方教育社を拠点として、生活綴り方の方法で東北の貧しさを乗り越える力を子どもにつけようとした教育実践である。多少の補足を行うなら、自由な教育活動が厳しく規制されていた時代、綴り方を通して、子どもの感性を育てる指導は教師に残されていた数少ない抵抗の手段だった。実際に芦田恵之助の『綴方教授』（同志同行社、一九三九年）や小砂丘忠義の『綴方生活』（雑誌）など、綴り方に教育の可能性を託す教師の姿が多かった。しかし、意欲的な教師の実践は危険思想とみなされ、治安維持法違反で逮捕される教師の姿があった。そうした記録は、村山ひでの『明けない夜はない』（労働旬報社、一九六九年）や山田国広の『夜明け前の闇』（理論社、一九六七年）などに詳しい。

冒頭で簡単にふれたことだが、山形師範の生徒の頃、無着成恭は山形新聞の論説委員の須藤克三に私淑する。須藤は小学教員の経験を持ち、北方性教育運動にも造詣が深かった。そして、無着は須藤を介して北方性教育運動を知り、国分一太郎らから生活綴り方の指導を受ける。そうした背景を視野に入れると、本書は北方性教育という先人の苦悩の上に開花した戦後教育の金字塔のように思われてくる。

そうした一方、無着は、教育遺産を受け継ぐだけでなく、子どもの社会を見る目を客観的なデータを通して育てようとしている。同書に収録されている「学校はどれ位金がかかるものか」によれば、無着は生徒に学費調べをさせ、小学生の出費が学費を含めて一人年間の一八九六円、中学生は二七九六円であることを明らかにする。しかし、小学校には一人当たり年間二八九円（村収入の七・六％）、中学校四三一円（六・一％）しか支出されていない。これでは、「学校の実験道具も、いろいろなものがかえるわけ」はない。村の収入が一人当たり九一八一円だから、予算の二〇％以上を支出しないと、「うまい学校教育はできない」と結論づけている。

●教師は子どもの人生に責任を負えるのか

『山びこ学校』の発刊は静かな村に大きな反響を起こす。特に、一九五二（昭和二七）年、今井正監督の同名の映画が公開されると、村の貧しさを全国に知らせたと、村人から無着を排斥する動きが強まる。加えて、一九五三（昭和二八）年にウィーンの世界教員会議に出席した無着が帰路、ソ連に立ち寄ったことが問題視され、県の教育委員会から給与二か月停止の処分を受ける。結局、無着は六年間勤務した山元中学を退職し、一九五四（昭和二九）年三月、駒澤大学編入のため上京する。

教え子の一人、佐藤藤三郎は『25歳になりました』（百合出版、一九六〇年）の中で、無着を見送った気持ちを、「無着先生が、和尚さんになってお寺に住み込み、農村の優れた指導者として、私たちといっしょに、農村の中で仕事をしてくれるために」上京したと思っていたと回想している。しかし、無着は、大学卒業後、明星学園の教師となり、ラジオの「子ども電話相談室」の回答者として人気を得る一方で、国語教育への関心を深めていく。

『山びこ学校』の卒業生の内、高校進学者は四名で、残りの子の多くは、村に残り、貧困の中で苦しい生活を送るが、『山びこ学校』の卒業生として好奇の目で見られることに当惑したという。それだけに、佐藤藤三郎は、卒業式の時に誓った「他人の悲しみを自分の悲しみとし、他人のよろこびを自分のよろこびとできる人間こそ、偉大な人間である」をモットーにまとまって生きていこうと級友に呼びかけている。山元村の中に、佐藤のような社会的に目覚めた若者を育てたことは無着成恭の実践の成果とは思うが、教え子は師から見放された感覚を抱いている。たしかに、無着は教え子の期待に反して、山形へ戻ることはなかった。見方によると、無着は教え子を目覚めさせただけで、教え子を村に放置した結果になる。教師は、指導した子どもの将来にどこまで責任を負うべきなのだろうか。

●それぞれの立場で示唆を得る

このように『山びこ学校』は、①昔の子どもの生活にふれる、②標準語の果たす役割を考える、あるいは、③教育の可能性や限界に思いをはせるなど、それぞれの立場で、示唆を得られるものが異なると思う。そして、④生活綴り方に関しても、過去の教育遺産のように感じがちだが、IT時代の現在だから、子どもに自分の周りを見つめさせ、それを、紙の上に書き綴らせる。そうした生活綴り方的な接近は、現在の子どもにとっても、自分を見つめる良い機会になるのではないかと思う。したがって、読後感はさまざまであろうが、頁をめくるごとに、『山びこ学校』の世界に引き込まれる。そうした魅力を秘めた記録ではある。

数年前に、現地を訪ねる機会があった。東北新幹線の上ノ山温泉駅で下車し、車で小一時間、国道三四八号線沿いに現地があった。残念ながら、在校生が減り、山元中学は二〇〇九（平成二一）年に閉校し、山びこ学校の痕跡は石碑に残されているだけだった。なお、山元村は一九六七（昭和四二）年に町村合併で上山市へ併合され、現在は高原野菜の出荷地として注目されていると聞いた。

意欲的に試行錯誤して人生を築けた時代が見えてくる

加瀬和俊『集団就職の時代』一九九七年

●「ああ上野駅」

年末になると、定番の「懐かしのメロディ」が始まる。そうしたおり、井沢八郎の甲高い声が聞こえ、「ああ上野駅」が流れてきたのを思い起こす。「どこかに故郷の香りをのせて」で始まり、中盤に「上野は俺らの心の駅だ」のサビが入り、「くじけちゃならない人生があの日ここから始まった」で終わる（作詞・関口義明、作曲・荒井英一）。夜行列車に乗って就職のために集団で上京した中学卒業生の姿が浮かんでくる。

「ああ上野駅」は一九六四（昭和三九）年に発売され、ミリオンセラーとなった曲だが、翌一九六五（昭和四〇）年に山田太郎の「新聞少年」（作詞・八反ふじを、作曲・島津伸男）もヒットしている。もちろん、後者は都市の母子家庭で育つ「新聞（配達をする）少年」をテーマにしているが、いずれにせよ、活気にあふれてはいたが、経済の高度成長が始まる前の貧しい時代である。

加瀬和俊によれば、「集団就職」とは、「昭和三〇年代の毎年三月に、地方出身の中卒就職者が『集団就職列車』(一九五四(昭和二九)年に開始)で大都市に集団的に移動した事態」を指す。そして、『『集団就職列車』は関係する県(一九六二(昭和三七)年からは交通公社)が企画して、国鉄が協力した臨時列車であり、予定の就職者を各駅で乗せると途中の駅には止まらずに下車すべき都市まで直行した」という。

こうした指摘を読むと、集団就職の背後に、地方の中学卒業生を就職先の都市まで指定した列車に乗せて移動するという公的な仕組みが存在したことが分かる。それと同時に、この仕組みが成立するには、送り手サイドの学校で生徒の意向を聞いて進路を取りまとめる。その一方、受けとめ手の方も、職安(公共職業安定所)の舵取りのもとに企業間の調整を図って受け入れ態勢を整える。そして、送り手と受けとめ手の間をつなぐ夜行列車を国鉄が運行するという三者の密接な連携が重要になる。

●中卒の二、三男が都市へ流出

一九五四年の高校進学率は男子四九・二%、女子四四・二%だった。一九六〇(昭和三五)年でもそれぞれ五五・六%、五四・二%で、高校進学率がほぼ五割、大学進学も一割の時代である。もっとも、同じ時期、東京の男子の高校進学率は六五・〇％（一九五四年）から七二・九％（一九六〇年）へ上昇しているが、その一方、青森県を例にとると進学率は四〇・一％から四二・六％へ微増にとどまる。したがって、一九六〇年を例にするなら、東京では男子の高校進学者が七割を超えるが青森は四割というように、高校への進学率の地域格差が拡大している。

加瀬は農業経済学の専門家らしく、さまざまな統計資料を駆使して、集団就職の背景にこうした地域格差があることを立証していく。例えば、新潟県の場合、一九五〇年に一四・五万人いた五歳児（男子）が成長するにつれ一〇年後に一〇・二万人、二〇年後八・一万人へと減少していく。つまり、一九五〇年の五歳児一四・五万人の内、一九七〇年に六・四万人（四四・一％）が県外に流出した計算になる（表Ⅰ―二―二）。それに対し、東京では、一九五〇年の三四・〇万人の五歳児（男子）が六〇年に七〇・〇万人、六五年に八七・八万人と、一五年間に五三・八万人も増加している（表Ⅰ―二―三）。地方の若者が東京に移動した結果であろう。

このような数値をたどると、若年層の都市部への流出傾向が明らかになるが、農林統計調査に基づく「農林漁家子弟の進路状態」（表Ⅰ―三―五）によれば、一九六二（昭和三七）年の場合、中卒男子の中で跡取りの子の六六・九％が高校へ進学し離村するものは一〇・二％に過ぎない。しかし、二、三男の場合、進学が五八・一％で、離村は二三・一％に達する。そして、同年度の高校卒の離村率は跡取りの場合二二・五％にとどまるが、二、三男では四八・九％に達する。したがって、家にいても農業の担い手になれない二、三男が都市を目指した状況が浮かんでくる。

なお、「集団就職」というと、「ああ上野駅」のイメージから東北から上野への移動を連想しがちだ。しかし、中学卒業生（男子）の県外就職率の第一位は鹿児島の七六・九％、二位は島根（六六・九％）、三位宮崎（六〇・〇％）の順で、東北の最上位は秋田（四九・八％）の一二位（表Ⅱ―四―一）である。したがって、上野駅以上に、九州から関西圏への就職も多かったが、関西の場合、生徒の行く先が京阪神に分散するので、印象が薄かったのであろう。

●都市の労働環境

昭和三〇年代は朝鮮特需による神武景気からスタート、三〇年代後半の岩戸景気へと続く経済の好況期だった。庶民が三種の神器（冷蔵庫、洗濯機、テレビ）を手にできた時代でもある。それだけに、企業の求人数が伸び、求人難の状況となる。具体的には、新規中卒の一九六〇（昭和三五）年の求人充足率は男子四二・九％、女子四三・七％にとどまる。

そして、一九六五（昭和四〇）年はそれぞれ二五・〇％と二四・六％（表Ⅰ―三―六）と求人難が深刻となる。新規中学卒が「金の卵」と呼ばれた時代である。

もっとも、同じ中学卒でも、都内出身者の三九・六％は三〇〇人以上が働く大企業に就職しているが、地方出身者の場合は大手が九・一％で、四四・一％が「従業員が二九人以下」の中小企業に勤めている（表Ⅱ―一―二）。したがって中学卒でも、都市に住む者と地方出身者とでは労働環境がかなり異なっていた。

地方の二、三男が大都市へ出て手に職をつけ都市で生活していく。集団という形はとらなかったが、そうした姿は、大正期はむろんのこと、昭和に入ってもよく見られる風景だった。ただ昭和初期の場合、小学校の高等科を出た子が商店や職人の家に入り、徴兵までの数年間を年季奉公し、除隊後にお礼奉公をして自立する形をとることが多かった。そうした姿は斎藤隆介の『職人衆昔ばなし』(文芸春秋社、一九六七年）などに詳しいが、さすがに、「集団就職」の場合は、年季のしばりはなく従業員として給与をもらう形が一般的だった。

加瀬の本は集団就職の仕組みを解明し、就職する生徒の状況を克明に分析している。しかし、生徒たちが都会でどう暮らし、その後、どういう生活を送ったのかは課題として残している。もっとも、単著に「集団就職」のすべての課題を託すのはないものねだりとは思う。

●集団就職した人のその後の人生

ノンフィクション作家の澤宮優は、各地を訪ねて、集団就職で都会に来た人のその後の人生を聞き取る調査を行い、その記録を『集団就職』（弦書房、二〇一七（平成二九）年）に収録している。

同書を引用するなら、鎌ヶ谷市にある竹森工業（従業員八〇名）の代表取締をする竹森要は、天草の生まれで、一九六〇（昭和三五）年三月に長崎から名古屋に向かった。長崎で被爆し健康とは言えない父と病身の母、借金が三〇〇万の家計を救うための集団就職である。休みは月に一日、深夜までの労働だったが、大学卒の初任給が一万二千円の時代に残業代込みで八千円程度の高収入だった。社長は夜食を差し入れるような人情派だったが、夜中まで働く重労働なので、同期入社の八人の内五人が退社している。竹森も、何か技術を身につけたいと思い、上京して職業技術学校に入学し、溶接工を目指す。しかし、たんなる電気屋から物を作る仕事をしたいと思うようになり、一九六六（昭和四一）年に「竹森組」を立ち上げる。三年後、竹森が二四歳の時に従業員八人の竹森工業へ改組、その後、株式会社・竹森工業の社長として企業を成長させていく。

もう一例あげるなら、阿蘇育ちの古庄修一はらくがん造りの名家に生まれたが、一九五三（昭和二八）年の西日本大水害で生家が流され、母親も病身になる。中学時代に剣道初段になり、成績も優秀だったが、五人きょうだいの四番目なので、進学を断念する。そして、一九六二（昭和三七）年三月、両親に見送られて、夕方四時に集団就職列車で熊本を発つ。列車は大阪、岐阜、一宮で、その土地に就職する者を下ろし、朝の一〇時に名古屋に着く。そして、古庄は多治見の陶器工場に集団就職をする。初月給は一万二千円だったが、深夜までの材料運びの重労働とお国訛りを冷やかされるのが重なって半年で退社し、故郷に戻る。その後、もう一度、岐阜に戻り、呉服屋の住み込み店員を経て、二〇歳の時に日給八〇〇円の築炉職人の見習いになる。しかし、会社が倒産し、建築材料を扱う会社の営業マンを経て、三三歳の時に結婚式場の支配人となり、四五歳の時に「ブライダル21」を設立している。

●「国際版・労働者哀史」への懸念

その他の事例は割愛するが、澤宮本を手がかりにすると、集団就職の時代、経済的に好況期にあたっているので、都市での労働条件は深夜労働や重い物の運搬など厳しかったとはいえ、それなりの給与は保障されたし、人手不足なので転職は容易だった。それだけに集団就職をした若者の多くは試行錯誤しながらも意欲的に自分の人生を築いていったのであろう。もちろん、高学歴者が大手企業に就職し、それなりに安定した人生を歩んでいたのと対比すると、苦労も多く、落とし穴も待ち受ける人生だが、個性的な生き方をできるのもたしかだった。社会全体が登り坂だった時代である。

現在、外国人の雇用枠の拡大が論じられている。人手不足を外国人でカバーしようという政策だが、国際版の集団就職を連想する。昭和三〇年代の集団就職の場合、同じ日本人同士だったから劣悪な条件にも歯止めがかかるし、本人の自力での這い上がりも可能だった。しかし、外国人の場合、迫害を受けやすい上に、言葉を含めて日本の事情に疎いために苦境から脱するすべを持たず、悲劇を招く事態の発生も予想される。

明治末から大正にかけて、人買い人が貧農を回り、親たちの借金を棒引きする代わりに、娘は長期の年季働きに出る就労形態が広がった。『女工哀史』（細井和喜蔵著、改造社、一九二五年）や『あゝ野麦峠』（山本茂実著、朝日新聞社、一九六八年）である。そして、人手不足の声の中で、外国人労働者に需要を頼る現状を見ていると、『国際版・労働者哀史』の発生の懸念が強まってくる。

III

子どもの暮らしをたどる
――土着の養育文化を振り返る

欧米を訪ねると、日本の親、特に母親は優しい。そして、子どもも素直で可愛いと感じる。「瓜食《は》めば子供念《おも》ほゆ栗食《は》めばまして偲《しぬ》はゆ」や「銀《しろかね》も金《くがね》も玉《たま》も何せむにまされる宝子に如《し》かめやも」（山上憶良）は日本人に共通する心情なのであろうか。育児を中心として、そうした土着の養育文化を考える。

現在に示唆を与える子どもの遊びを肯定した儒学者

貝原益軒『和俗童子訓』一七一〇年

●もっとも古い教育・育児書

貝原益軒《かいばらえきけん》は『養生訓《ようじょうくん》』の著者として知られる。そして、『和俗童子訓《わぞくどうじくん》』も、日本のもっとも古い教育書あるいは育児書として評価されることが多い。

貝原益軒は一六三〇（寛永七）年に生まれ、一七一四（正徳四）年に八五歳で亡くなった長寿の儒学者である。もっとも、貝原損軒を益軒と改めたのは七八歳の時で、『和俗童子訓』は、それから三年後の一七一〇（宝永七）年、八一歳の時に書かれている。

それまでの益軒の人生をたどると、益軒は、黒田藩の祐筆（文書管理の責任者、藩の高官）の家に生まれた。といっても五男という身分に加え、幼くして、生母や継母を亡くし、兄から四書を習うなどの苦労の多い育ちをしている。さらに、藩に出仕しても主君の不興をかって浪人となり、正式に出仕したのは二八歳だった。その間、向学心に燃える益軒は朱子学の書籍を読破すると同時に医学の勉学に努めている。そうした蓄積もあって、出仕後は藩士に四書などを講じただけでなく、四〇代から黒田家譜の編集や朱子学の著作を行い、主君の慰留もあって、七一歳まで勤めている。そして、隠居後、本格的な著作活動に取り組み、『養生訓』（全八巻）を刊行したのは最晩年の八四歳の時だった。

●どの子にも学びの勧め

『和俗童子訓』は「総論」（巻一と二）、「随年教法」（巻三）、「手習法」（巻四）と「教女子法」（巻五）から構成されている。そして、「総論」に、益軒の考える教育（子育て）論が記述されているが、その冒頭で、益軒は「人となれるものは、皆天地の徳をうけ、心に仁・義・礼・智・信の五性を生まれつきたれば、その性のままに従えば、父子・君臣・夫婦・長幼・朋友の五倫の道行なわる」と説く。「五徳（五性）・五倫」というと古めかしい感じがする。しかし、林羅山が昌平坂学問所を開いたのが一六九〇（元禄三）年だったことが示唆するように、儒学、特に朱子学は、当時として最新の思想体系だった。

そうした儒学的な世界観を踏まえながら、益軒は、どの子も良いものを持って生まれてくると、性善説を唱える。しかし、良いものを持っていても、「人倫の教えなければ、人の道をしらず。禽獣にちかくして、万物の霊と云えるしるしなし」。「人の小なるわざも、皆師なく教えなくしては、みずからは為しがたし」。学ぶことを通して、人は人となるという学びの大事さを指摘している。

その際、「予《あらかじ》めするを先とす」。これは、「小児のいまだ悪にうつらざる先に、かねて早く教ゆる」、つまり、幼い内からのきちんとした訓育が大事だという。しかし、「初生より愛を過ごすべからず」。過保護を避け、「小児をそだつるには、専ら義方の教《おしえ》をなすべし」。「義方の教」とは「義理――物事の正しい道筋（筆者注）――のただしき事を以《もっ》て、小児のあしき事をいましむるを云う」。

先にもふれたように、一七一〇（宝永七）年の著述なので、使われている言葉は現代的でないし、思考の枠組みも朱子学の世界観を踏まえている。しかし、熟読してみると、時代の制約を超えた発想の新鮮さに気がつく。「四民――士農工商のこと（筆者注）――ともに」の言葉の通り、人となるための教育は、身分を超えて、すべての人に必要だと説いている。

●子どもの個性を尊重しよう

『和俗童子訓』が一七一〇年の著作といわれてもピンとこない人が多いと思う。分かりやすい例をあげるなら、徳川綱吉の「生類憐みの令」が一六八五（貞享二）年、そして、赤穂浪士の吉良邸討ち入りが一七〇三（元禄一五）年、吉宗が八代将軍になるのは一七一六（享保元）年である。したがって、今風にいうなら、『和俗童子訓』は「忠臣蔵」と「暴れん坊将軍」との谷間の時期に書かれたと思えば、分かりやすい。

三〇〇年も前に書かれたものだが、「衣服を厚くして乳食に飽かしむれば、必ず病多し」。「富貴の家の子は病多くして身弱く、貧賤の家の子は病少なくして身強き」という記述が見られる。富裕層の子は過保護になりがちでひ弱だ。また、「富貴の家の子に生まれては、幼き時より世のもてなし人の敬いあつく」、その結果、「おごり日々に長じやすく、戯れ遊びを好み、人のいさめを嫌いにくむ」。経済的な富裕層が子育てが失敗しがち。そうした指摘に現代に通じるものを感じる。

また、男子の「紙鳶《たこ》あげ」や女子の「羽根つき」などの遊びについて、「年ようやく長じた後は、必ずすたるものなれば、心術において害なし。おおよう、その好みにまかすべし」。ただし、「博打に似たる遊びは為さしむべからず」と説かれている。「小児の遊びを好むは、つねの情なり」と、子どもの遊びを肯定する指摘も見られる。

さらに、「幼き時より、必ずまずその好む技を選ぶべし。好む所尤《もっと》も大事なり」と子どもの個性に応じた指導を奨励している。そして、巻三の「年に随って教ゆるの法」では、六歳――数え年（筆者注）――の正月に数や東西南北を教え、七歳から「和字の読み書き」、八歳から『論語』、一〇歳から師について五倫五常を学ぶのように、発達に応じて学習を進める考えを提示している。そして、巻四の「手習うの法」で、文字学習の進め方を具体的に提示している。現代風にいえば、民間版の学習指導要領を開示したようなもので、益軒の時代を超えた先見の明を感じる。

●益軒は頑迷な「女大学」論者か

『和俗童子訓』の巻五の「教女子法」は儒教的な女訓がコンパクトに著述されていることで知られる。それと同時に、この「教女子法」を下敷きに作成された『女大学』が寺子屋の教材として使用されたこともあって、「益軒＝女大学」という通念が広まっている。その結果、現在では、男尊女卑を推奨した頑迷な儒学者のように益軒を評価する研究が少なくない。しかし、それは、三〇〇年前に執筆された内容を、時代性を排除した現代の価値観で判断するもので、正当な評価とはいいがたい気がする。

益軒は、男女について、「男子は外に出でて、師に従い、物を学び、邦友に交わる」暮らしを送るから「外には見聞する事多し」。それに対し、「女子は常に内に居て、外に出でざれば」、「親の教えを以て、身を立つるもの」だという。そうした視点から、中国の「女四書」、具体的には、『女論語』、『女誡』、『内訓』、『女孝経』（または、『女範』）などを要約する形で、「嫁しては夫に従う」の「三従」や「婦徳・婦言・婦容・婦功」の「四徳」を説く。そして、「婦人には別に主君なし。夫を誠に主君と思いて、敬ひ慎みて事《つか》ふべし」のような記述も見られる。

●子育ての役割を高く評価

このように益軒の女訓は儒教に立脚してはいるが、細かく目を通すと、益軒なりの個性を発揮している面が見られる。例えば、「七去《しちきょ》」の内、「子なきは生まれつきなり。悪疾はやまひなり。此二は天命にて力に及ばる事なれば、婦のとかにあらず」として「二去」を外し、「五去」が妥当だとしている。益軒は三九歳の時に二二歳歳下の初と結婚するが、書や音曲の才に恵まれた初を慈しみ、当時としては稀なことだが、夫婦で二度、京都に長期滞在をしている。ただ、夫婦の間に子どもは恵まれなかった。そうした事情から、子を持てない女性の気持ちを察して、「子なきは去る」への否定に通じたのであろうか。

さらにいえば、儒教では「陽と陰」的な二元的な世界観に立脚するから、男女を天と地、あるいは、上下の関係でとらえるのが一般的だ。それに対し、益軒は、男女を上下でなく、「外と内」という役割分業に置き換えている。実際に、「女子を育つるも、初は大やう男子と異なる事なし」との指摘も見られる。男女は人として対等だが、役割が異なる。それだけに、女子は本分である四徳の習得に努めよという教えである。女性の社会参加などが考えられなかった時代に、子育ての役割を高く評価し、子育てをする女性を励ましている。ここらに、実学の徒としての益軒の面目を見る思いがする。

『和俗童子訓』に限らず、益軒の著作の外観は朱子学的な儒教倫理に飾られている。しかし、著作の中を流れるものは実証性を踏まえた柔軟な思考で、そうした部分に着目すると、現在に示唆を与える指摘が目につく。健康をテーマとした『養生訓』(一七一三(正徳三)年)全八巻の愛読者が現在でも多いことも、そうした益軒の魅力を示す例証となろう。

女性史研究の必須文献

江馬三枝子『飛騨の女たち』一九四二年

●「ヨメトリ」と「ツマドヒ」

飛騨の白川郷というと合掌造りの家を連想し、心の故郷的な響きがある。たしかに、年末のテレビなどで雪に覆われた白川郷が映し出されると、心が安らぐ。それと同時に、飛騨という言葉に大家族制を連想する人もいると思うが、「大家族とは」と問われると、返事に窮するのではないか。

江馬三枝子の『飛騨の女たち』は白川郷に暮らす女性からの聞き取りをもとに白川郷の女性の暮らしを復元した労作である。といっても、江馬の名を知らない人が多い気がする。ネットで調べても、江馬三枝子について、「一九〇三（明治三六）年生まれの民俗学研究者。夫は『山の民』などのプロレタリア文学の作家・江馬修、柳田国男に師事」程度の情報しか紹介されていない。無名に近い女性がどうして優れた研究書を著せたのかの詳細は後述することにし、江馬は、本著の次の年に、『白川村の大家族』（三国書房、一九四三年）も著しているので、二冊を併せて、白川郷の大家族制を紹介することにしよう。

江馬によれば、白川村の婚姻の形には「ヨメトリ」と「ツマドヒ」の二タイプがある。前者はトト（戸主）とカカ（戸主の妻）の長男（アニ）が嫁（オバと呼ばれた）をとる場合に限られ、それ以外の人は「女（ヲバ）が家におって、男（ヲジ）が通う」形の通い婚（ツマドヒ）となる。つまり、戸主（トト）の長男（アニ）だけが嫁（オバ）をもらうが、次男以下は通い婚となる。白川郷では、「女は家に着いたもの」という伝統的な観念が強く、「女も家を離れようとしなかった」ので、次男以下の男性の婚姻は「手ジルシ」（女性への贈り物）をした後に、女性（ヲバ）の家に「夜這い」をする形をとる。そして、二人の間に子どもが生まれると、その子は女性（ヲバ）の家で生育される。そうなると、家には、直系の「アニ」の子の他にヲバの子たちやヂヂやババ（家長の親）たちが加わるので、一家に四〇人程度の人が暮らす「大家族制」が定着することになる。

●「シャクシワタシ（杓子渡し）」と「シンガイ（ホマチ）」

白川郷は豪雪地帯として知られ、冬場は五か月前後、陸の孤島となる。塩や油、鉄以外は自給自足だった時代に、大家族が冬を乗り切るのは大変なので、カカが家の全権を握る休制が作られていた。一家の着るものも手作りで、木の皮を川で晒して生地を作り草や木で染色する作業が必要になる。その際、一家の女性を指示して作業を束ねるのがカカの役割だった。もちろん、長い冬を見越しての計画的な消費が必要になるが、その采配もカカに委ねられる。となると、四〇人程度の一家が家にあるものだけで一冬を幸せに暮らせるかは、すべてカカの手腕にかかっていた。そうした時、トトがかってに酒を飲んではカカの計画に狂いが生じる。そのため、トトであっても、家の中のことはカカに従うのが飛驒の決まりだった。このようにカカには家の中の切り盛りをする一切の権限「カカザ（主婦権）」が認められる代わりに、カカには衣食住のすべてに通じる卓越した力量が求められた。

そうした意味を持つので、主婦権の委譲を意味する「杓子渡し（シャクシワタシ）」が重要になる。もちろん、家に来たばかりの嫁にそんな采配を期待できないから、嫁に来て十数年が経ち、主婦としての力量が身についてから「杓子渡し」となる。具体的には、大晦日の夜、トトがアニに作付け台帳を渡すと同時に、カカがオバ（嫁）に杓子を手渡す。この瞬間、一家のカカザ（主婦権）がカカからオバ（嫁）へ移り、それまでのカカはババ（先代）となる。そして、元日から新しいカカが杓子を握り、一家を切り盛りすることになる。

このように、カカは家を束ねる役割を果たすが、通い婚のヲバたちはどう暮らしていたのか。白川郷の場合、ツマドヒのカップルはシンガイを持っていた。シンガイは「家長が家の田畑の中から少しばかり分けてくれる」土地を指すが、ヲジやヲバは、休みの時などにその土地に小豆などを作り、それを売って、夫婦や子どもの生活費に充てたといわれる。大家族制のもとでは、直系のトトやアニ以外は、男女別の部屋に雑居する暮らしだった。それだけに、ヲジやヲバにとって、唯一のくつろげる機会がシンガイでの農作業だったのであろう。

●子どもは家の子

前述した『白川村の大家族』で、江馬は「産育習俗」に一章を割いているが、予想外なことに、直系のカカ（または、オバ）と傍系のヲバ（スエとも呼ばれていた）とで「産婦及び赤ん坊の取り扱ひ、それに付随する習俗一般に少しの差別待遇が見られない」という。カカとヲバとの違いは「カカは他家から来て家で産むのだし、自分たちは生まれた家で産むだけ」。その背景に、「女は生家にあって子供を産む方が正しい常態である」という通念が見られ、出産後のオビヤヤシナイ（隣接する家からのお祝い）も「嫁でも家の女でも同じ量であった」と記されている。

産まれた子どもは「ツズラ（赤ん坊を生後一年半くらい入れておく藁や板製の器具）」に入れて育てるので、「大家族内にはいつもツズラが七つ八つ位並んでいた」。そして、赤子が泣いていれば、通りかかった女性が誰の子でも乳を飲ませた。子どもは家の将来の働き手となるから、どの子も大事な家の子で「人数さえふえれば喜んでいた大家族」である。飛驒ではモドス（間引き）という言葉すらなかったという。

●『嫁の天国』と『楢山節考』

先にふれた「杓子渡し」という言葉を、院生だった一九六〇（昭和三五）年頃、前橋近郊で農村の主婦を対象とした調査のおりに耳にしている。嫁に来て十数年、姑にいじめぬかれたが、杓子を手にした時にやっと苦労が報いられ、思い通りの家の采配を振れると思うと涙が止まらなかったと聞いた。そして、自分は一二年目に杓子をもらえたが、二〇年経っても杓子をもらえない人もいて気の毒だなどの話もあった。また、自分は嫁として苦労したから、嫁には優しくしたいとも姑たちは語っていた。農村が大きな変革期を迎えた頃の話である。

飛驒と前橋とは地域的にかなり離れている。その前橋でも、「杓子渡し」の風習が残っていた。もちろん、前橋は陸の孤島でもないし大家族制でもないが、家の外のことはトト、家の中はカカという分業形態が定着していた。そうした性差に対応した分業が合理的なので、日本社会に広く定着していたのであろう。

もっとも、我妻東策が『嫁の天国』(未来社、一九五九年)で紹介しているように、周囲に海があり、温暖な気候で農作物も豊富な伊勢志摩地方では、同じ敷地内に母屋の他に隠居屋があり、嫁と姑は分かれて暮らしている。そして、隠居は隠居田をもらい、自分たちの生活を賄っている。こうした『嫁の天国』的な隠居制は志摩だけでなく、環境的に恵まれた伊勢半島の海岸部を中心に各地に見られる。それとは対照的に、甲信や東北などの環境的に飛驒より厳しい地域では、深沢七郎が『楢山節考』(中央公論社、一九五七年)で取り上げたような「楢山まいり」的な風習が見られる。そこまで悲惨でない場合でも、東北の山地では土地がやせ収穫も少ないので、先のシンガイ的な仕組みは無論のこと、長男以外の結婚は許されない事例が少なくなかったといわれる。

●女性の研究者を育てた柳田国男の見識

このように、かつての日本にはその地域らしい暮らしがあった。しかし、近代化の流れの中で地域らしさが失われていく。喪失される前にかつての暮らしを聞き取り、記録に残したい。こうした発想は平成の話のように思うが、柳田国男は昭和初期から生活の記録を保存したいと全国的な農漁村調査を計画し実施している。

柳田は一八七五（明治八）年生まれで、東京帝大の法学部を卒業後、農商務省に勤め、仕事の関係から全国の農山村を訪ねている。柳田自身は貴族院書記官長や枢密顧問官などの要職に就く中で、伝統的な漁山村の暮らしが失われていくことに危機感を抱いて記録の保存に力を注ぐようになる。そのために多くの協力者が必要なので、自宅での勉強会（木曜会）の他に、日本民俗学講習会などを開催して、人材の育成に努めている。

民俗学では特定の地域に入り克明な聞き取りをすることから研究が始まる。そうなると、仕事に追われる男性に多くを期待できない。というより、家事や育児を対象とする領域では女性の方が聞き手として優れている。そうした発想から、柳田は一九三七（昭和一二）年に女性民俗座談会（後に、民俗学研究会）を発足させるが、その会に、意欲に富む多くの女性が参加し、柳田の教えを請うている。その際、柳田は、江馬には飛騨の養育慣行、山川菊栄に武家の女性の暮らしのように、その人に応じたテーマを指示し、その成果を研究会で発表させるだけでなく、書籍にまとめさせる動きをしている。

江馬三枝子もその中の一人で、プロレタリア文学に傾倒した三枝子が特高の目を逃れて、高山へ移住する。夫の江馬修は飛騨の郷土史的な『山の民』で知られる作家だが、夫に勧められ、柳田の門下生となる。そして、飛騨を舞台に聞き取り調査を行った産物が本書だった。蛇足になるが、江馬夫婦は再婚同士だったが、一九五〇（昭和二五）年に江馬修は三枝子と別居し、『綴方教室』の豊田正子（六二—六八頁参照）と同棲を始める。しかし、三枝子が離婚に同意しなかったため、二人の関係は同棲のままで終わり、その後、修は別の女性と同棲して、三年後に死を迎える。そうした意味では、三枝子は家庭的には不遇な生涯を過ごし、一九八三（昭和五八）年に享年八〇歳で没している。しかし、三枝子の『飛の女たち』は女性史研究の必須文献として、現在でも若手の研究者の間で読み継がれている。

児やらひが機能していない現在の深刻さが見えてくる

大藤ゆき『児やらひ』一九四四年

●「児やらひ」という言葉の意味

「大藤ゆき」の名前は知らなくとも、「児やらひ」という言葉を耳にした人は多いのではないか。大藤も「『児やらひ』という言葉は聴き馴れない響を持った言葉ですが、四国や中国地方で多く使用されて居ります」。そして、「子どもの尻を追い叩きながら育て上げることを意味しており」と述べている。したがって、「児やらひ」は「児やらひをしている」のように、「育児」と同意語として使われることが多い。

大藤ゆきは多くの農漁村を訪ねてそれぞれの地域の養育慣習についての聞き取り調査を行っている。実際に大藤が取材した昭和一〇年代の初めには、まだ地域差が色濃く残り、養育の形にもそれぞれの地域らしさが見られた。そして、大藤は各地で収集した事例を素材としながら、子どもの月齢を追う形で、民衆に伝わる養育の慣習を生き生きと紹介していく。例えば、出生から生後一年までの節目となる行事は誕生から順に「乳付け」、「三日祝」、「初着」、「名付祝」、「宮詣り」、「食初め」、「お節句」、「誕生祝」となる。

●子どもを愛育する文化

行事の中から「宮詣り」を取り上げてみよう。大藤によれば、「生児が氏神と氏子としての関係を結ぶことはこの世の中に生存し得る第一段の手続き」で、「宮詣り」を通して、その子が「村の一員」となる。そうした承認の儀式なので、「外部から注意せられる様に派手ないでたち」をし、その装束で他家を訪ね、飲食を共にすることが大事になるという。現在でも、着飾って宮詣りをする親子を見かける。宮詣りは子どもの健やかな成長を祈念しての親心の発露と思っていた。浅学な話だが、宮詣りが新生児の地域へのお披露目的な意味を持っていたとは知らなかった。

さらに、大藤は、どの地域でも「宮詣り」が行われているが、具体的な形に地域差が見られると指摘する。宮詣りの日は「早いのはお七夜から、遅いのは百日目まで」、「大体は三〇日前後」だが、具体的な宮詣りの形も、愛知県額田郡幸田村では三三日目は鳥居前までで、一二〇日目に正式に参拝する。愛媛県越智郡波止浜町でも鳥居詣りは三三日目だが、正式な宮詣りは七五日か一〇〇日目だという。また、新潟県中魚沼郡水沢村では五一日目の宮詣りの際に甘酒と摺餅を持参する。千葉県市原郡菊間村では男子は三一日目、女子は三三日目に大宮神社と地元の氏神様に赤飯と椿の葉を供える慣行が定着している。

その他、長野県東筑摩郡本郷村では「生児を神前に下して泣くまで放って置き、泣くと神様が呼んだ」といって背負って帰る。また、島根県松江市では宮詣りに「お神楽をあげ、そのドウ（大太鼓）の音を聞いて、嬰児に性根が入る」風習があった。その他、多くの地域で、「行きは背負ひ、帰りは抱いて来る」のは、氏神に「赤子の背を向けぬ心遣い」からだという。

宮詣りに象徴されるように、月齢に応じてそれぞれの行事を行って、子どもの健やかな成長を願う。そうした愛育の姿の対極として、アリエスが『〈子供〉の誕生』（一八―二四頁）で描いた中世の西欧の子育てが浮かんでくる。西欧では、子どもは原罪を内在して生まれてくるから、悪が表面化しないように幼児を厳しくしつける。それに対し、日本では、「一人の子供の成長ということはその両親だけの関心事でなく親戚一門はもとより、その部落全体の期待を受けている」。神からの授かりものとして、地域全体で赤子を大事に育てる文化である。

大藤が資料を収集したのは昭和一〇年代だが、それから八〇年以上を経た現在でも、欧米と比べ、日本の親は慈愛を持って子育てをしているのを感じる。土着の養育文化が受け継がれて現在にいたったのであろうか。

●柳田国男民俗学の成果

ここまで『児やらひ』の一端を紹介してきたが、著者・大藤ゆきはどういうキャリアの人なのか。明治四三（一九一〇）年に福岡県に生まれ、高等女学校卒業後、民俗学者の大藤時彦と結婚、平成一三（二〇〇一）年死去という略歴に接すると、良家の女性という印象を受ける。実際には、昭和一二年に丸の内ビルで開催された「日本民俗学講座」を受講したおり、柳田国男の講義に感激する。その後、柳田に師事し、秘書として働くほかに、柳田が自宅を開放して開いた私的な民俗学研究会の木曜会にも参加する。夫の時彦は柳田の高弟であるから、夫からの影響も多かったと思われるが、序文を書くことが稀な柳田が本書の冒頭に文を寄せているのも、大藤への信頼の深さを示すものなのであろう。

柳田国男については前節（一〇三―一一〇頁）でふれたが、柳田は大藤ゆきや江馬三枝子の他にも、『海女記』の瀬川清子や『村の女性』の能田多代子などの多くの女性民俗学者を育てている。なお、本書は柳田国男が企画し編集した「女性叢書」に収録されているが、山川菊栄の『武家の女性』も同叢書が初版である。危険思想の持主だからと特高から出版を阻止されかけた同書を柳田が何度も警察に出向いて釈明し、出版に至ったという。

いずれにせよ、柳田の指導や助成がなりれば、『児やらひ』的な慣行も歴史の流れに飲み込まれ、忘却されてしまったように思う。そうした意味では、細かな聞き取りを重ねた大藤ゆきの努力と同時に柳田国男の指導力を高く評価したいと思う。

●「児やらひ」には「家から追い立てる」意味も

『児やらひ』に戻ると、本書では、乳児期の記述に多くのスペースが割かれ、詳細な叙述は一歳までで終わっている。そして、その後の子どもの成長について、「小児の祝は七歳を以て最後とし、それから所謂子供仲間へ入る」。換言するなら、「七歳までは神の子と言われ、それからは所謂《いわゆる》子供仲間へ入る」との指摘がなされている。なお、大藤によれば、「児やらひ」は「子供を家から追ひ立てる」、現代的な言い方をするなら、子どもを「自立させる」ことを意味する用語でもあるという。

かつての社会では七歳が「児やらひ」（子どもを家から追い出す）の始まる年齢で、これは「愛育」から「自立」へスイッチの切り替えをする時期でもある。つまり、七歳以降は「子供には成可《なるべ》く早く自立出来る精神的訓練を与へる必要があります。昔はそれが期せずして与えられるように社会の仕組がなつていました」という。小学校就学は明治三〇年代半ばに定着するが、この時期の小学校は四年制なので、一〇歳までの就学だった。それでも、不就学の子が多いだけでなく、就学している子も帰宅後、農業の手伝いや子守りなどに追われるのが常だった。その後、一九〇七（明治四〇）年に小学校が六年制に延長され、多くの子が一二歳まで学校へ通い、その後、家を離れ、小僧やねえやとして働くのが一般的となる。したがって、「児やらひ」をしなくとも、一二歳前後になれば、荒波にもまれる生活が待ち受けている。それだけに、せめて七歳までは慈愛を込めて子どもを育てようとしたのであろう。

●二〇歳過ぎまで「依存」の暮らし

なお、児やらひに関連させて、大藤は「現在では親への依頼心が強く、神経質といふ程に親が気を使います」。その結果、「甘やかした独立心のない人間が出来る」と、児やらひのできない親の子どもへの過保護を懸念している。たしかに、本書の書かれた昭和一〇年代後半は旧制中学への入試が過熱し、子どもを過保護に育てる親が増加している。といっても、そうした中等教育進学者は一割程度の富裕層に限られていた。

それから七〇年後の現在、高校進学率は九九％、そして、大学の五割を中心に専門学校を含めた進学率は八〇％に達する。二〇歳前後の若者の八割が学校に通っているが、多くは親に学費を出してもらう親頼りの生活であろう。最近では、大学の卒業式に両親が出席するのにも違和感を持たなくなったが、親への依存が二二歳まで進んでいる。さらに、一九九七（平成九）年に社会学者の山田昌弘が提唱したパラサイト・シングル（親に寄生する未婚の若者）現象だけでなく、近年では、親の年金をあてにして就労することなく家に引きこもる中年シングルが増加しているという。そう考えると、依存から自立のスイッチの切り替えがうまくいかず、「児やらひ」が機能していない状況は現在の方がはるかに深刻なように思う。それだけに、本書を再読して、「児を追い払う」という意味での「児やらひ」という言葉が新鮮な重みを持って迫ってくるのを感じた。

子どもの成長には、「聖（学び）」と「俗（遊び）」とのバランスが必要

大田才次郎『日本児童遊戯集』一九〇一年

●子どもの遊びは受け継がれる

子どもの遊び二〇種をあげてみよう。この中で、遊んだことがあるものが何個か、数えて欲しい。

①押くらまんじゅう　②鬼ごっこ　③隠れん坊　④縄跳び
⑤石蹴り　⑥芋虫ごろごろ　⑦輪投げ　⑧謎かけ
⑨まま事　⑩おはじき　⑪ここはどこの細道じゃ
⑫双六（すごろく）　⑬手拭引き　⑭お山の大将　⑮木登り
⑯駆け競（かけっこ）　⑰紙鳶揚げ（たこあげ）　⑱福笑い
⑲相撲　⑳竹馬

原著からの引用なので用語は古いが、平成生まれはともあれ、昭和生まれの人なら子ど

も時代に、ほとんどの遊びを経験したのではないだろうか。種を明かすと、この二〇種の遊びは、『日本児童遊戯集』の著者・大田才次郎が一八九七（明治三〇）年頃に東京で実際に見聞きした子どもの遊び一八三種の中からの抜粋である。

筆者は、一九三三（昭和八）年の東京の上野の生まれなので、一八九七年からほぼ四〇年後の昭和一〇年代半ばに下町で子ども時代を過ごしている。そして、先の二〇種を含めて、一八三種のほとんどを遊んだ経験がある。

ラジオの「小沢昭一の小沢昭一的こころ」で印象深い小沢昭一（一九二九（昭和四）年生まれ）は子ども時代を東京の鎌田で過ごしている。そして、『わた史発掘』（文芸春秋、一九七八年）の中で、子ども時代の遊びを数多く列挙しているが、その中から二〇の遊びを抜粋してみよう。

①鬼ごっこ、②かくれんぼ、③駆逐水雷、④陣取り、⑤押しくらまんじゅう、⑥ドッジボール、⑦野球、⑧相撲、⑨ビー玉、⑩チャンバラごっこ、⑪なわとび、⑫馬とび、⑬木登り、⑭探偵ごっこ、⑮石けり、⑯けん玉、⑰おはじき、⑱メンコ、⑲竹馬、⑳釘刺

この二〇種については、平成生まれの人でもこの大半を遊んだ思い出を持つのではないか。

●伝承文化としての遊び

手元にやや古い資料だが『浮世絵に見る江戸の子どもたち』（くもん子ども研究所、二〇〇〇年）がある。その中に、子どもの姿を描いた七〇〇点の浮世絵が収録されているが、鬼ごっこやかくれんぼ、毬つき、相撲や木登り、下駄隠し、お山の大将、籠目かごめ、コマ回しなど、元気に遊びまわる子どもの姿が描かれている。現在と比べると、正月の羽根つきや凧揚げから始まって、三月のひな祭り、五月の菖蒲打ち、七月の七夕、夏の蟬取りや川遊びなど、季節に応じて、子どもの遊びが変化していく度合いが強い印象を受ける。それでも、「芋虫ごろごろ」や「お山の大将」、「ずいずいずっころばし」、「ここはどこの細道じゃ」などを江戸時代の子どもが遊んでいたのに驚く。そうなると、冒頭でふれた大田才次郎の収集した遊びも、江戸時代から受け継がれてきたと思うと感慨深い。

子ども調査のために海外を訪ねる時、時間を見つけては地域を歩くようにしている。ソウルや北京の場合、山手地区は静寂を保っているが、下町では遊びまわる子どもの声が騒がしい。ロサンゼルスやシアトルのダウンタウンでも同じ体験をしている。つまり、何人かの子どもがいれば、自然発生的に群れて、鬼ごっご的、あるいは、かくれんぼ的な遊びを始めるのは子どもの本性のように思う。そうした意味では、遊びは伝承文化とはいえないのかもしれない。

しかし、他の社会の子が、「ずいずいずっころばし」や「ここはどこの細道じゃ」、「あの子が欲しい」というわけはないから、遊びに伝承的な性格が強いのもたしかであろう。実際に、大田才次郎の本には、知人を通して収集した東京以外の地域の遊びも収録されている。しかし、京都の遊びとして収録されている「かまやかまや」や「こうぷろこうぷろ」といわれても、東京育ちの筆者にはイメージがわかない。「こうぷろこうぷろ」は、東京の「あの子が欲しい」と同じような遊びだが、具体的な言い回しにかなりの違いがある。そして、「あの子が欲しい」は三河では「子貰い」となり、「大かご小かご、どの児に目ッついた」で始まるという。

子どもの遊びには教科書はない。とすると、「あの子が欲しい」や「一列談判破裂して」、「あんたがたどこさ」は地域の中で年上の子から年下へ、そして、さらに年下へと、順送りに伝えられ、それが、明治から大正そして昭和へと、地域の中で受けつがれたのであろう。

●イエの子からマチの子へ

遊びについて、こうした記述をすると、野原を元気に飛び回る子どもを連想しがちだ。しかし、筆者が育った上野駅前は人が混みあい、自然などはなかった。しかも、実際に二〇〇メートル四方の二ブロック程度が自分たちの世界で、校区の中にも敵対勢力のいる危険地域があった。まして、上野に隣接する浅草は危険に充ちた「外つ国（とつくに）」だった。もちろん、メンコひとつをとっても、上野と浅草とではルールが微妙に違っていた。そうした閉鎖された地域の中で、子どもたちは群れて遊んでいた。

下町では、親は商売に追われ、子どもの遊びに気を使うことはなかった。それだけに周囲にいる大人は紙芝居屋か駄菓子屋のばあや位で、遊び場は子どもの自治区だった。そうした中で、年下の子は上の子から遊び方を教えてもらい、ミソカスの子も群れの一員に成長していった。したがって、「何人かの異年齢の仲間」が遊びを支える大事な条件だが、遊び仲間は「ギャング集団」と呼ばれたように、時として逸脱行為をする同士でもあった。駄菓子屋に群れてちょっとした万引きをする。あるいは、（上野の育ちなので）不忍の池から禁断の鯉をとって逃げるなどだ。それに、メンコやベーゴマは学校から禁止されている子どもの賭け事だった。

群れて悪さをしたことはたしかだが、どの子もミソカスとして群れに加わり、やがてガキ大将となって群れを巣立っていた。考えてみると、遊びには①体が丈夫になるだけでなく、②やる気が育つ、③創意工夫をする力が伸びる。さらに、④友とのつき合い方を覚える、⑤自分の個性を作るなどの効用があった。それだけに、かつての子は、遊びを通して

「イエの子から（健やかな）マチの子」へ育っていった気がする。

●「聖の文化」と「俗の文化」

先に大田の挙げた遊びに戻ると、二〇種の遊びには、①屋外で、②体を動かしながら、③自分たちでルールを作って、④自発的に、⑤何人かの友とともになどの条件が見られる。それに対し、学校での勉強は、①教室内で、②じっとしたまま、③先生の指示に従って、④受け身の形で、⑤自分の力をつける営みである。つきつめていえば、勉強とは指示を忠実に守る行為で、社会生活を送るのにそうした従順さも必要だとは思う。しかし、それだけでは指示待ち人間に育ってしまう。それに対し、遊びは、逸脱するかもしれないが、基本的に、何人かの友と自発的に動き回る行為である。そうした「俗的な行為」を通して子どものバイタリティーが育っていく。理想をいうなら、子どもの成長には「聖（学び）」と「俗（遊び）」とのバランスの良さが必要なのであろう。

●スマホ時代の遊びに危機感

これまで遊びの伝承についてふれてきたが、どうしても、スマホを操る現代の子どもの姿が浮かんでくる。今の子どももかくれんぼや鬼ごっこ位はすると思うが、「お山の大将」

や「ここはどこの細道じゃ」をするとは考えにくい。ということは、明治、大正、昭和と継承されてきた子どもの遊びは、平成の終わりと同時に途絶えるのであろうか。もっとも、遊びには、メンコやビーダマのように、時代による流行りすたりが見られるものもある。したがって、遊びの種類が変わるのはかまわない。しかし、問題となるのは友とふれあう密度がどうなるかであろう。

かつてファミコンが子どもの世界に入ってきた時、子どもの遊びが変質するといわれた。しかし、子どもたちは友と群れながら、スーパーマリオやドラクエに熱中した。したがって、遊びの形は変わったものの、友とふれあう密度はむしろ深まった感じだった。それと比べ、スマホの場合、いつでもどこからでも友にコンタクトできる。しかし、それは小さな画面上の接触で、表面的な接触という感じがする。少なくとも、鬼ごっこやかくれんぼのように、体を動かしながら友と行動をともにする交流ではない。ということは、遊びを媒介として、明治以降培われてきた子どもの成長のスタイルが変わることを意味する。身の周りをＩＴで固めてはいるが、カプセルの中の自分は人との接触をまったく持たないままに成長していく。そうした子どもが作る未来の社会に不安を感じるのは筆者だけではあるまい。

Ⅳ

新教育運動に見る子ども像
──児童中心主義を提起した新教育運動

戦争が終わると平和が訪れる。そうした時期に、子どもの自主性を推奨する教育運動が広まる。第一次世界大戦後、欧米を中心に新教育運動が高まり、その余波は日本にも及んだ。児童中心主義と呼ばれる動きだが、社会が安定するにつれて、子どもの自由を抑制しようとする動きが強まる。そうした動向は第二次世界大戦後にも見られた。

子どもの自由を尊重する教育は社会的に成立する

A・S・ニール『問題の教師』一九三九年

●一日を自由に過ごしてよい学校

「サマーヒル・スクール」という名をご存知だろうか。A・S・ニールが一九二一（大正一〇）年にドレスデンで創設した学校を、ロンドン郊外のレイストンに移して開校したもので、「サマーヒル・スクール」はもっとも歴史の古いフリースクールとして知られる。

A・S・ニールの名前を聞いたのは大学生時代だった。御茶ノ水の教会から子ども対象のクリスマス会の司会を頼まれた時、集まってきたのは近くのスラム街からの子どもだった。その頃（昭和三〇年頃）、現在のビッグエッグ（後楽園球場）の周辺に都下最大のスラム街が広がり、一〇〇人以上の子がスラムの中で下働きをしたり、暴力団の雑用をしたりして暮らしていた。そうした未就学の子の力になりたいと、学友に呼びかけ、スラム街通いを始めた。セツルメントと呼ばれる活動だが、子どもが遠巻きしているだけで近寄ってくれないし、懐いてもくれない。「日本子どもを守る会」に助言を求めた時、児童心理学者の早川元二先生（一九六七（昭和四二）年に四七歳で急逝）から手渡されたのがニールの『問題の教師』だった。サマーヒルでは子どもは一日を自由に過ごしてよい。強制するから子どもが勉強を嫌がる。心の底から遊んでいいと思えば子どもは勉強するようになる。大人の価値観を押し付けなければ、子どもの方から近づいてくる。それが早川先生の助言だった。半信半疑だったが、子どもの遊び相手に徹するようにした。ほどなく子どもが近寄ってきた。それ以降、『問題の教師』がわれわれの活動のバイブルとなった。

それから三〇年後、子ども問題の研究者として、ロンドンから一〇〇キロほどの田舎町レイストンにあるサマーヒル・スクールを訪ねた。憧れの聖地訪問である。うっそうとした森の中に建物が点在し、小学高学生から高校生まで七〇人ほどが暮らしていた。あちこちに自由に動いている子どもの姿はあったが、日本の学校に慣れた目には、学校というより、児童養護施設か林間学校という感じで、拍子抜けしたのを覚えている。

●子どもの自主性を最大限に尊重する

富樫多紀氏（東京大学先端科学技術研究センター専門職員）は一九七九年にロンドンに渡り、一二歳から五年間、サマーヒルに在学している。その経験を、ネットを通して報告している（凸凹海外教育通信、サマーヒル・スクール編、二〇一六・四・一五・Vol.〇一六—

Vol.〇二二まで)。「スクールの一日は、朝起きて、さぁ今日は何をしようかと考えることから始まります。授業への出席は義務ではなく、一日を木の上で本を読んで過ごしても、美術室や木工室での工作に熱中していても、森で遊ぶことに費やしても咎められることはありません。」

この記述の通り、サマーヒルでは、どの子も何をしていても良い決まりなので、ブランコで一日を過ごす子もいれば、午前中は森で絵を描き、午後はギターを弾く子もいる。そして、算数の勉強をしたいと思ったら、算数の先生の所へ行き相談する。もちろん、教科の指導計画は教師が提示するが、それを学ぶかどうかは本人が判断する。自己責任に基づいた暮らしである。

そうした暮らしの中で唯一義務付けられているのが週に二回の「スクールミーティング」への出席である。この会には学校予算と教員の任免以外のすべての問題が提出され、教員も参加し、暮らしの中で起きた問題を決定していく。その際、「大人も子どもも一票の平等な権利を持ち、多数決で物事を決定していきます」。民主主義の原点のような仕組みである。それでも、ミーティングで決まったことを守らない子もいる。そうした時は、みんなで話し合って、「ランチの列で最後尾まで待たなければならない」や「草むしりや掃除などの小労働」などのペナルティを課すという。

●子どもの自由を尊重

ニールの紹介者として知られる霜田静志は、一九二八（昭和三）年六月にニールの学校を訪ね、一週間ほどを割いて、学校を取材している。その記録はニール著・霜田静志訳『問題の子供』（刀江書院、一九三〇年）の巻末に収録されているが、二階建ての校舎の他に千坪ほどのクリケット用の野原、裏に子どもの寝室用の客車や野菜畑が点在という感じで、「之丈《これだけ》の広い敷地と美しい校舎」が『羨ましい限り』だ。学校は「児童を全部学校に寄宿せしめ、教師も一人として他に住宅を持つ者なく」の「寄宿学校」だった。子どもたちは年齢に応じて四つのグループに分かれ、九時半と一一時からの二回、授業を受けるが、午後は個々に運動や手工に時間を費やす。ただ、「子供等は学習を強制せられる事は絶対にない」。そして、「子供の日常生活については全く自由」だが、「児童と職員とを以て組織する自治会」の決めたことだけが規則となり、「守るべき義務」となるという。そして、取材後の霜田は、ニールの「児童を尊重し、彼等の自由を認めて、此処に愛と理解とを以て育て上げる」という信念がサマーヒルを支えると結論づけている。

なお、月謝の高い学校なので、富裕層で子どものしつけに困った家の子が占める割合が高いという印象を語っている。

●「憎悪の教師」と「愛の教師」

先の富樫多紀の記録は霜田の訪問から五〇年後のものだが、サマーヒルが歳月を超えて、自由の館としての性格を保ち続けているのが分かる。こうしたサマーヒル・スクールの仕組みを考えたのはA・S・ニールだが、ニールは『問題の子供』(一九二六(大正一五)年)などに続いて、一九三九(昭和一四)年に『問題の教師』を著している。同書の中で、ニールは、教師には「憎悪の教師」と「愛の教師」との二タイプがあると指摘する。「憎悪の教師」とは「書取の時間に二つ以上綴字を間違えると、ひどく革紐で打つ」ような子どもを怖れさせる教師を指す。こうした教師は、「学科が子供より重要であるとする間違った観念を持ち」、教科を教える時に、軍隊のように規律を大事にする「訓練主義」の教師である。こうした指示型の教師は、「自分の担任の科目と自分の自我と著しく混同し」、「自分を小さな偶像にまつりあげる」と同時に、子どもを委縮させ「服従しうる人」に育てる。

しかし、「子どもの主たる興味は遊びである。そして、遊びは教室内においては禁じられている」。そう考えると、「子どもの自我は、学校では抑えられている」。それだけに、「教師の主たる関心事は子どもの心理でなければならない」。特に、教師は「児童の模範となること」を考えすぎがちだ、真の威厳を有する人々は威厳を示そうとするものではない。

だから、教師は子どもを愛し、子どもからも愛される「平和主義」の「愛の教師」に徹すべきだという。

●教育を考えるリトマス試験紙として

このようにサマーヒルの学校では子どもに「強制しない」、そして、子どもの自主的な判断を尊重する。そうした考えは理解できるが、そんなに自由を認めたら、子どもは勉強しないままで大人になり、子ども自身が困るのではと思う。しかし、先ほどの富樫多紀氏はサマーヒルを卒業後、ロンドン大学に進み、舞台デザインを学んでいる。実際に、サマーヒルの卒業生の多くが芸術家や弁護士などとしてイギリス社会で活躍し、サマーヒルの教育はそれなりの社会的な評価を得ているという。したがって、サマーヒルの実践は、子どもの主体性を認めても立派な社会人を育成できることを証明している。

もっとも、サマーヒルの学校案内を調べると、学園としての充実に真剣に取り組んでいる姿勢が浮かんでくる。六歳から九歳までは通学生で、寄宿生は一〇歳から一七歳まで、定員は七〇名程度と定めてある。こうした少人数の学園なら家庭的な雰囲気のきめ細やかな指導が可能と思う反面、財政的な基盤が気になる。

学園のＨＰをたしかめてみると、最古のフリースクールという看板を掲げている。そして、そうした歴史に愛着を持つ卒業生が社会的に成功すると、学園に多額な寄付をして、学園を財政面で支えている。それと同時に、学園も支援者の獲得に積極的に努力し、高額な寄付者を表彰する制度などを実施している。

さらにいえば、創設者のニールはカリスマ性を持つ指導者で、現在の教師陣もニールを信奉し、ニールの目指す教育を支えようとする意欲的な人たちである。こうした条件がどれか一つでも欠けても、学校は永続しなかったように思う。

しかし、条件に恵まれたとはいえ、サマーヒルは、子どもの自由を尊重する教育が社会的に成立する実例を示している。これまでの学校のしきたりに慣れ、子どもの自由を抑圧してはいないか。学校教育を考える際のリトマス試験紙として、ニールの指摘に耳を傾けてはどうかと思った。

なお、日本でも、霜田静志の精神を受け継いで、堀真一郎が「学校法人きのくに子どもの村学園」(一九九二(平成四)年、和歌山県橋本市)を設立し、サマーヒル的な学校を各地で展開している。

小学生は日本に適応したか

子安美智子『ミュンヘンの小学生』一九七五年

●シュタイナー学校への入学

『ミュンヘンの小学生』は、ドイツ文学者の子安美智子が、娘のフミをシュタイナー学校へ就学させた時の記録である。細かな教材例を示しながら、シュタイナー学校での学習の日々をきめ細やかに紹介していく。日本と比べ、のびのびとした風変わりな教室風景に多くの読者が衝撃を感じ、ベストセラーとなり、本書は一九七六（昭和五一）年に毎日出版文化賞を受けた。

一九七一（昭和四六）年春に、子安は海外研修の機会を得て、娘のフミを連れてミュンヘンへ渡り、娘が入学する小学校を探す。その時に、同僚の先生からシュタイナー学校を紹介される。調べてみると、①担任は八年間持ち上がり、②学校での子どもの様子を報告はするが、勉強の点数をつけない、③国語なら国語ばかりの勉強を三、四週続け、次は算数を三、四週というような「エポック制」の授業を行うなどを特徴とする学校だった。変わった学校と思ったが、学校まで歩いて一五分程度と家から近いこともあって、面接を受けた後に、入学を決める。

ドイツなので、新学期は九月に始まる。初めの一〇日間は八時一〇分に学校が始まり、お迎えは一〇時で、いろいろな色のクレヨンで円や線を描く「フォルメン（形）」という学習だけだった。その後も、文字を使わずに絵を描いたり体を動かしたりして、形を意識する勉強が続く。一〇月一〇日から八日間の秋休みの後、学校は一一時五五分までになるが、一〇時までが基本的なエポック授業、一〇時から一日交替で英語とフランス語、一一時から手芸・工芸とオイリュトミーの時間となる。なお、オイリュトミーとは、シュタイナーが提唱した音楽や言葉に合わせて踊る「体を動かす芸術」活動である。

●個性的な学校生活

オイリュトミーとともに、シュタイナー学校を特徴づけるのは「エポック」授業であろう。フミが最初に学んだ「書くエポック（四週間）」を例にとると、ノートの最初のページに森の絵を描き、その次のページの絵に太陽や動物が加わる。その絵に応じて、子どもの字で「かわいい動物たち、みんなおいで、ここはきみたちのかくれがなんだ」のような詩を書く。次の絵には木のもとにキノコが加わり、新しい詩が生まれる。こうした感じで絵と詩を加えて、子どもの表現力と書く力をつける。それも、初めは線を引き四センチ位の大きな字で書いていたが、二週間後には線がなくなると同時に、字も二・五センチ位となり、詩も七行位になる。

こうした日々を過ごし、一二月二三日からの冬休みに入る前に、子どもは先生から通信簿をもらう。といっても、「最初のころのフミは、周囲に存在を気づかれないほど静かに、おしだまって教室の子どもたちのあいだにすわっていました」から始まり、教室でのフミの変化を伝える長い説明が書かれていた。そして、最後に、フミ宛の「小さな妖精――いさいきと、あちこちに飛ぶ。青い空を。おとくいのことは、大いたずら、明日は愉快になるだろう。」という短い詩が書かれていた。

小学一年が終わった時、子安は「一年生でどれほどたくさんの絵をかいたことだろう。多くの歌をうたったことだろう。手、足、体を動かしたことだろう」と感想を綴っている。子どもには「色と光とメロディと響きと動きとのシンフォニー」の思い出が残るのではという。

●教師の指導力が鍵

日本の学校の場合、学習内容が指導要領や教科書の形で提示されているので、教師はそれに準拠しつつ、子どもの学習を進める形をとる。しかし、例示したシュタイナー学校の「エポック授業」の場合、個々の子がその子の感覚で、絵を描き、詩を書く。それを踏まえて、教師はその子に応じた形で文字や表現力を指導していく。

こうした取り組みは、個々の子どもが自分なりの興味や関心を深めながら、基礎学力もつくという理想に近い学習形態だとは思う。その半面、担任が、個々の子どもがこれまでに何を身につけ、何を履修していないかを完全に把握していないと、習得する内容が重複したり、欠落したりする事態が生まれる。そうした意味では、卓越した指導力を持つ教師でないと、こうした個別指導はとても無理な感じがする。

もっとも、シュタイナー学校の教員の多くはシュタイナーの教育観に共鳴し、学校の実践にふれた上で、奉職した人々である。その上に、おりあるごとに学校内外でオイリュトミーなどの研修も行われている。したがって、教師の質は高く、個別指導への不安は杞憂なのかもしれない。それでも、シュタイナー学校は風変わりに見えるようで、地元でも「あそこはいい教育をしている」と評価される反面、「バカが行く学校」や「変わり者が行く学校」といわれることも多いという。

本書を通して、子安はシュタイナー学校が個性的な教育を行っていると指摘している。たしかにシュタイナーの教育には多くの面で独自性が見られる。しかし、「独自性」という時、執筆当時の子安はドイツ文学の研究者なので、自分が受けた日本の学校と対比させて、シュタイナー教育を語っている。そのため、子安がシュタイナー学校の特色と指摘した中に、西欧、ドイツの教育風土ではなじみ深い教育の形が含まれているのを感じる。

例えば、子安はシュタイナー学校で担任が一〇年間受け持つ制度をシュタイナー学校の特色として称賛している。しかし、ドイツでは、日本の学校のように担任が一、二年で代わるのでなく、小学校入学時の担任が、その学級が卒業するまで受け持つ形が一般的だ。そうした中でも、私立校は小中高が連関している場合が多いので、担任が一〇年受け持つ形になる。この制度のもとでは、優れた担任に受け持ってもらう場合はしあわせだが、担任との相性が悪いと、泣き寝入りするか、転校するかを迫られる。したがって、一〇年間の担任制が望ましいとはいえない感じもする。

●西欧の土壌の中でのシュタイナー学校

エポック授業についても、ドイツの初等教育では一九二〇年代から、算数や国語と教科分けをせずに、「春が来た」とか「パン屋の仕事」などの単元を中心に学習を進める「合科教授」が盛んだった。具体的に「パン屋の仕事」を例にとると、毎日三時間、二週間の計画で、教室にパン職人に来てもらい、小麦粉の話（理科）を踏まえた上で、パン焼き（家庭科）をする。その後、パン職人のギルドの話（社会科）を聞き、そして、パンの売り買い（国語や算数）も学ぶ。このように「パン屋の仕事」を通して、多くの教科内容を学ぶので、「合科教授」と呼ばれる。そして、「パン屋の仕事」が終わると、次の週から「森の植物」の単元が始まり、その後に「小川の生き物」が続く感じになる。その他に、地域の暮らしを教材とする「郷土科」教育もドイツでは定着している。そうした意味では、エポック授業的な教育はドイツではなじみの深い実践といえよう。

さらにいえば、二〇世紀の初頭から始まった新教育運動では、子どもの自主性の尊重を重視している。例えば、モンテッソーリの「子どもの家」では、自由な環境を保証すれば、子どもは自発的に学習をするから、教師を「援助者」として位置づけている。また、H・パーカストのドルトン・プランでは、教師と子どもとで学習契約を結び、それぞれの子どもが個別の学習を進める形がとられている。こうした子どもの自主性を尊重し、感性の育成を目指す姿勢は、フレネの「自由教育」（パリ）やA・S・ニールの「サマーヒル学校」（一一六―一一三二頁参照）などに共通している。シュタイナー学校もそうした新教育運動の一校と思えば理解しやすい。その中で、シュタイナー学校の特色は「フォルメン（形）」を重視した「オイリュトミー」にあるように思う。

●社会へ適応しているか

フミは両親の研修期間の関係で、二年生の半ばの三月に帰国するが、「日本の学校に、いきなり娘を放り込むにはあまりにショックが大きすぎるだろう」という懸念から、東京ドイツ学園にフミを在籍させる。東京ドイツ学園は「西ドイツの公教育をおこなっており、シュタイナー学校と違う点数教育の世界」ではあったが、「生活面でののびのびさ、ひとつの魅力だった」。それでも、フミはドイツ学園に適応できず、シュタイナーの教育に憧れて、六年生終了後の一九七七（昭和五二）年七月、元のクラスで学ぶためにシュタイナー学校へ復帰している。

こうした個性的な教育を受けると、卒業生の社会的な適応が心配になる。しかし、子安美知子の『ミュンヘンの中学生』（朝日新聞社、一九八四年）によれば、シュタイナー学校の卒業生の四人に一人は大学へ進み、医学、教育、芸術、福祉などの分野で活躍しているという。

なお、フミは、シュタイナー学校を卒業後、ドイツの大学へ進み、やがて帰国し、ベース奏者としての活動を中心に、シュタイナー教育の紹介をする生活を送っている。そうした意味で、フミはシュタイナー的な意味での国際人にはなれたとは思うが、日本社会に適応しにくくなったのではという感想も抱く。といっても、それは日本社会が国際化されていない現れで、これから先、外国籍の人が多く居住するようになれば、フミの存在なども日本人らしい日本人と見なされるのかもしれない。

時代に先駆けて生まれた者の悲劇、手塚岸衛

八人の合著『八大教育主張』一九二二年

●大正自由教育の開花

『八大教育主張』を耳にされた方は多いと思う。教育史の中で大正自由教育の開花を象徴する華々しいイベントとして記述されることが多いが、「八大教育主張講演会」の正式な名称は「教育学術研究大会」で、一九二一（大正一〇）年の八月一日から八日までの八日間、東京高等師範（現・筑波大）の講堂を舞台に八人の講師がそれぞれの教育論を語っている。

『八大教育主張』の講師というと自由教育の大家を連想する。しかし、付表に示すように、八人の講師の内、三〇代半ばが四名を占める。また、五名は付属小学校の主事（教頭。但し、付属小の場合、師範学校の教授が校長を兼務するので、実質は校長）である。具体的には、手塚岸衛は千葉師範付小に勤務し自由教育の実践に取り組んで二年後の四一歳、小《お》

原国芳《ばらくによし》は成城学園に勤務して二年を経た三四歳だった。そうした若さを補う意味で、この会の企画者・大日本学術協会の尼子止《あまこととむ》から依頼された著名な学者（例えば、東京帝大教授の吉田熊次、東京高師教授の大瀬甚太郎）が当日の司会を務め、会に厚みを与えている。

自分たち教師の代表が帝都のど真ん中で新教育運動を語って優劣を競いあう。そうした感じの企画なので、講演には定員の二千人をはるかに超える五千名強の受講希望が殺到し、会場は観衆の熱気に包まれたという。聴衆の多くは樺太や台湾などの遠方からの参加者を含めて熱心な小学校の教師だった。講演会は毎晩六時に開演され、講師が二時間半講演した後、二時間半程度の討議を行うので、終了は夜の一一時前後になった。しかも、そうした日程が八日間連続する。夏休み期間といっても、聞き手も死に物狂いの講演会である。

●大正自由教育の背景

ここで、「八大教育主張講演会」の開催された一九二一年前後の教育状況にふれておこう。第一次世界大戦後のワイマール体制下の欧米の教育界では、子どもの自主性を尊重する新教育運動が高まった。具体例をあげるなら、ドイツではシュタイナー学校（一三三―一四〇頁参照）、イギリスではニールのサマーヒル学校（一二六―一三二頁参照）が開校している。また、アメリカでは、学習の個別化を進めるウォシュバーンのウイネトカプラン（一九一九（大正八）年）や子どもが教師と学習計画を契約するパーカストのドルトン・プラン（一九一九年）が開始されている。

この時期に欧米の教育を視察した専門家は新教育運動の動向を意欲的に紹介し、そうした刺激を受け、国内でも子どもの自由を尊重する実践が、試みられる。特に、一九一七（大正六）年の成城小学校の開設は、文部次官などを歴任した沢柳政太郎が野に下っての動きだけに社会的な関心を集めた。その後、沢柳は一九一九年に一年にわたって欧米を視察し、ドルトン・プランに触発され、帰国後、同プランを成城教育の中核に据える。それ以降、成城が新教育運動の推進拠点となり、そうした成城の跡を追う形で、個性的な私立小学校の設立や師範の付属小学校での改革の動きが顕著になる。いわば、そうした大正自由教育の高揚期に行われたのが『八大教育主張』だった。

●講演会のハイライト・手塚岸衛の「自由教育論」

講演会では、「西の明石、東の千葉」を代表する及川平治《おいかわへいじ》の「動的教育論」と手塚岸衛の「自由教育論」に注目が集まった。もっとも、及川は一九〇七（明治四〇）年に明石女子師範付属小学校の主事となり、一九一二（大正元）年に『分団式動的教育法』を著した教育界の権威者なのに対し、手塚は一九一九年に千葉師範付小の主事となり、自由教育の旗を掲げた新進気鋭の実践家だった。

及川は冒頭で「私がこの動的教育論を研究してより既に一五年になるのであります」と挨拶した後、今日は「空論を避けて実際論をやります」と述べ、具体的に「動的教育論」を展開していく。そして、「二、静的教育と動的教育論との比較」、「三、学習の定義」、「四、教材、課程教科書論」、「五、教育の目的方法と定義」のように、及川のいう「動的教育論」、今風にいうなら経験主義の教育の重要性を論述している。

このような及川の講義は誠実とは思うが、新鮮さに欠ける印象を受ける。それに対し、手塚は新進らしく旧教育を徹底的に批判し、自由教育を声高らかに提唱する。手塚は、まず、「従来の教育はあまりに一斉画一過ぎはしなかったか。又、あまりに子どもを受け身になし、又あまりに干渉束縛に過ぎなかったか」。「一括して申せば大人本位で、教師本位であって」、現状は「行詰って居る」。そこで、「教育革新」が必要になる。そう考えて、明治四〇年頃から「自学主義」を唱えてきたが、「自学」には「子供の自覚」が大事だが、自覚を「喚び起こす」には「自由を与えなければならない」。しかし、「自由」については誤解が多いと述べ、「三、消極自由と積極自由」から「八、自由と服従」まで、講演の大半を「自由」の説明に費やしている。そして、自由とは放任でなく、「自分の行いの原因が自分自身に帰する」のを前提に据え、「子供自らが自ら目的を定立して我が我の目的で自ら学習を進めよう」という教育だと説く。その後で、千葉師範付小の自治会の設置や通知表の廃止、自由学習時間の創設などを紹介している。

●目標としての「自由」と方法としての「自由」

『八大教育主張』では、手塚に限らず、「自学自習」の樋口長市《ひぐちちょういち》や「自学教育論」の河野清丸など、どの講師も明治期の教育は伝達型で画一的だったと批判している。しかし、子どもの自主性の認め方について一定の留保を示す講師が多い。例えば、河野清丸は「自動教育」は「放任教育」ではなく、「被教育者の学習態度を養う」と同時に「大人が指導していく」の両面が必要だ。そして、「児童と云うことを本体とし」、これに「教師の力と云うものが加わった教育を児童主義の教育」が成り立つという。また、小原国芳は「全人教育論」とは「我利我利主義の他を顧みないような人間」を作ることでも、「図画の好きな子供は図画だけやればよい」のようなバランスを欠いた教育ではなく、「子供の有するすべてを、天から授かったすべての性能を出来るだけ順当に伸ばすこと」だと指摘する。教育の主導権を教師が握り、その範囲内で子どもの自主性を認めるという姿勢である。

それに対し、手塚岸衛は子どもの自己責任を土台に子どもの自主性に基づく教育を目指して、デューイの「コペルニクス的な転換」（四五—五二頁参照）を連想させる教育論を展開している。したがって、両者の間には、「子どもの自由」を教育の根底に据える立場と教育方法としての「自由」との開きが見られ、この差が、この後、新教育運動に暗い影を投げかけることになる。

●内なる批判者の存在

「教育学術研究大会」の講演記録は一九二二（大正一一）年一月に『八大教育主張』として刊行され、二年間で一〇版を重ねる。それまでの「教え込む」から「自主性を尊重する」へ、教育観の転換を訴える主張が多くの教員の心をとらえたのであろう。そして、手塚は、一九二二年三月に千葉師範付小（白楊会）での実践記録を『自由教育』（不定期刊）として公開する。同誌を読むと、白楊会主催の「自由教育研究会」が全国で開催されているだけでなく、購読会員が五〇〇〇名強（同年一二月時点の「会員芳名」による）に達するのが分かる。「自由教育」が多くの教員の支持を得ている証拠であろう。

「自由教育」が教員間に根強い広がりを見せるだけに、教育関係の有識者の間に手塚の「自由教育」への警戒や反発（妬みの感情もあったのでは）が広まる。もともと文部省や県関係者の間に「自由教育」を危険視する姿勢が強かった。すでに一九二一（大正一〇）年一二月、手塚を招く予定の石下尋常高等小学校の講演会が知事の反対で中止に追い込まれている。国レベルでも、岡田良平文相は一九二四（大正一三）年八月「教育の新主義」を批判する訓示を発している。

しかし、手塚の唱える「自由教育」への批判は、文部省関係者だけでなく、「八大教育主張」を企画した尼子止自身が手塚の自由教育論に反発し、講演会の翌年の一九二二年に『八大教育批判』（大日本学術協会）を刊行している。同書には永野芳夫（デューイの紹介で知られる教育学者）などの著名な学者が自由教育批判を行っている。こうした動向は、八大教育主張講演会の講師周辺の人の間にも反手塚の雰囲気が見られることを意味する。

講演会の三年後の一九二四年九月に「川井訓導事件」が起きる。松本女子師範付小の川井清一郎教諭が修身の時間に教科書を使わずに授業をしたことを文部省の視学委員から厳しく叱責され、川井が退職に追い込まれた事件である。この事件以降、教科書を使わない授業はできなくなるが、その時の視学委員は『八大教育主張』の講師の一人樋口長市《ひぐちちょういち》だった。ということは、『八大教育主張』で樋口が説いた「自学教育」は教科書の使用を前提とした教育論で、そこに子どもの自学の余地は存在しない。皮肉を交えていうなら、樋口の「自学」は時勢に合わせて「子どもの自主性」を語ってはいるが、実際は実現性の乏しい観念を説いただけという感じがする。

●四面楚歌の中の「自由教育」

たしかに手塚の「自由教育論」には理論としての完成度の低さを感じる面が見られる。実際に、手塚は「講義」の中で、「自由教育」という言葉は新聞記者が千葉の実践を「新しき自由教育」と紹介したことから偶発的に始まったと述べている。それと同時に、「自由教育」には「通俗的の多くの語弊を持って居る」と述べ、「講義」の大半を自由論の検討に割いたのはすでにふれた通りである。その後、手塚は「自由教育」の理論的な構築を目指して、『八大教育主張』の翌年に『自由教育真義』（東京宝文堂、一九二二年）を刊行している。今回、あらためて同書に目を通してみた。ほぼ一〇〇年前に書かれた内容だから不十分さを指摘するのは容易だが、自由教育への情熱の伝わってくる名著だと感じた。

考えてみれば、自由教育の体系化は一人の実践家が担うにはあまりに大きな課題であろう。しかし、手塚の師・篠原助市（東京高師教授）は反手塚の動向を感じてか、疎遠を装うようになり、同行の友からも批判の刃が向けられ、四面楚歌の中での実践となった。そうした動きの中で、一九二六（大正一五）年に手塚は付小を追われ、大多喜中学校長に転任し、以降、指導者を失った千葉付小の自由教育は衰退していく。

こうした経緯を辿ると、手塚の人生に時代に先駆けて生まれた者の悲劇を感じる。なお、その後、手塚は自由が丘学園（一九二八（昭和三）年）を創設するが、手塚の死後（一九三六（昭和一一）年）、経営の行き詰まった自由が丘学園の小学校と幼稚園を引き受けたのが小林宗作で、それが「トモエ学園」（一五一―一五八頁）の設立につながる。そうした意味では、手塚の理念が「トモエ学園」の中に具現化されたといえなくもない。そこらに、歴史の面白みを感じる。

『八代教育主張』の講師・講演項目など

	氏名	講演項目	当時の肩書	年齢	最終学歴	それまでの活動	その後の活動
一	樋口長市	自学教育論	東京高等師範教授	50	長野師範、東京高等師範	文部省から二年間欧米に障害児事情調査で派遣。	二四年の川井訓導事件の引き金。東京聾唖学校校長。障害児教育の先駆者。
二	河野清丸	児童教育論	日本女子大学付属豊明小学校主事	48	東京帝国大学	モンテッソーリ教育の紹介者の一人。	『児童教育学概論』（一九二三年）など。
三	手塚岸衛	自由教育論	千葉師範付属小学校主事	41	栃木師範、東京高等師範	一九一九年に千葉師範主事に。自由教育を展開。	二六年に大多喜中校長に左遷され、退職。二八年に自由が丘学園を設立。
四	千葉命吉	一切衝動皆満足論	広島師範付属小学校主事	34	秋田師範学校	一九二〇年に広島師範付小の主事。	二二年にドイツで独創学を研究。「独創教育論」など。
五	稲毛金七	創造教育論	雑誌社主筆	34	早稲田大学	雑誌記者を経て、雑誌『創造』を主催。	二四年、教育学を学びにドイツへ。後に早稲田大学教授に。
六	及川平治	動的教育論	明石女子師範付小主事	46	宮城師範	〇七年明石女子師範付小主事。三〇年務める。	分団式動的教育論を提唱。渡米し、デューイに学ぶ。
七	小原国芳	全人教育論	成城小学校主事	34	広島高師、京都帝大	一九年に成城学園の主事。	成城学園を経て、二九年に玉川学園を設立。後に学長。
八	片上伸《のぼる》	文芸教育論	早稲田大学教授	37	松山中学、東京専門学校	一五年にロシア留学、「芸術自由教育」編集委員。	二四年に早稲田を辞職、ロシアへ。プロレタリア文学を紹介。

小林宗作にとって、トモエ学園は副産物だったのか

黒柳徹子『窓ぎわのトットちゃん』一九八一年

●自由でのびのびとしたトモエ学園での暮らし

本書は黒柳徹子がトモエ学園時代の思い出を書いた作品として知られる。カットに使われたいわさきちひろの絵が本書の主題とマッチし、本の印象を強めている。そして、八〇〇万部を売り上げた戦後最大のベストセラーであると同時に、三五か国以上に翻訳されたという。

多くの人がどうして本書に魅せられたのか。本書では、トットちゃんの目を通して、トモエ学園の日々が紹介されている。

入学した日、この学校では「毎日、好きなところに座っていい」のに驚く。さらに、担任の先生が、黒板に今日習う予定の問題を教科ごとに書いて、「さあ、どれでも好きなのから、始めてください」といった。そして、それぞれの子がマイペースの学習を進めるが、

「自習の形式が多く、いよいよ、分からなってくると、先生の所へ聞きに行く」感じだった。だから、同じ時間帯に「カタカナを書く子、絵を描く子、本を読んでいる子、中には、体操をしている子もいた」。それから数日後、昼休みの後、先生が「みなさん、今日は、とてもよく勉強したから、午後は何をしたい？」と聞いた。みんなが口々に「散歩！」というと、「じゃ、行きましょう」といって、校門を出て、近くの池まで散歩に行く。先生も含めて、どの子どももののびのびと学校生活を送っている。誰もが理想と感じるのどかで平和な学校の姿だ。それが第二次世界大戦下の東京で現実に存在した。その事実が読者に感銘を与えるのであろうか。

●教室の秩序を乱す子

周知の通り、トットちゃんは、公立小学校から「おたくのお嬢さんがいると、クラス中の迷惑になります。よその学校にお連れください」と退学を求められた子どもだった。机のフタを何べんも音を立てて開け閉めする。あるいは、窓際に立って、通りがかりにチンドン屋さんを呼び、「ちょっとだけ、やってみて」と頼む。時には、教室の屋根の下に巣を作っている燕に、「ねぇ、何をしているの?」と大きな声をかける。その度に、他の子もトットちゃんの行動に気をとられるので、授業にならないという。

一人の子どもとして見ると、トットちゃんは好奇心の旺盛な意欲的な愛らしい子だ。ただ、好奇心が湧くとすぐに体が動いてしまうタイプなので、集団としての行動は苦手だ。そうした意味では、伝統的な学級では扱いにくい子どもなのはたしかであろう。

母親が入学先に選んだのは校庭に「電車が六台、教室用に置かれている」トモエ学園だった。最初にトモエ学園を訪ねた日、校長はトットちゃんに「さあ、なんでも、先生に話してごらん」といって、トットちゃんの話を聞いてくれた。前の学校のことや飼っている犬の話などを話す。八時頃から話し始め、話すことがなくなったのはお昼近くだった。その間、校長先生は「一度だって、あくびをしたり、退屈そうにしないで」、「一生懸命、聞いてくれた」。そして、最後に「トットちゃんの頭に、大きくて暖かい手を置くと『じゃ、これで、君は、この学校の生徒だよ』」といった。「そのとき、トットちゃんは、なんだか、生まれて初めて、本当に好きな人に逢ったような気がした」という。

臨床心理学の領域で、「相手の話にしっかりと耳を傾ける」ことは「傾聴」と呼ばれ、カウンセラーに求められる基本姿勢と聞く。もちろん、小林校長がそうした知識を持っていたとは思えないが、トットちゃんを理解したいという一心で、長い時間、トットちゃんの話を聞いたのであろう。

●音楽教師としての小林宗作

トットちゃんを見かけると、校長先生は、いつも「君は、本当は、いい子なんだよ！」と声をかけてくれる。そのたびにトットちゃんは、飛び跳ねながら、「そうです。私はいい子です！」と答える。そうしたやり取りを通して、校長先生は、トットちゃんに『私はいい子なんだ』という自信をつけてくれた」という。このように小林校長はトットちゃんをまるごと受け入れ、現代風の用語を使えば、トットちゃんの自尊感情を高めてくれている。

その小林宗作校長とはどんな人物だったのか。小林は一八九三（明治二六）年に群馬で生まれ、検定試験で教員免許を取得し、代用教員として地元の小学校に勤務する。しかし、好きな音楽を究めたいと、音楽教師を目指して上京し、公立学校の教諭を経て、一九一六（大正五）年に東京音楽学校（現・東京芸大）の乙種師範科（一年制）に入学する。その後、東京の公立小学校を経て、一九二〇（大正九）年に音楽教師として成蹊小学校に勤務することになる。

成蹊小学校は、中村春二が「自主自立の子の育成」を標榜して一九一五（大正四）年に設立した大正自由教育のさきがけ的な学校だった。それだけに、子どもの「自学自習」が尊重されていたが、音楽の指導はバイエルを基本としているため、音楽を習う内に子どもらしさを失う子が見られた。音楽は子どもをのびのびとさせるものではないのか。悩んだ末に、小林は一九二三（大正一二）年三月に成蹊小学校を退職し、成蹊の支援者でもあった三菱財閥の岩崎小弥太から資金面での援助を得て、音楽教育の理想の姿を求めて、欧州へ旅立つ。

小林はパリでリトミックに出会う。リトミックは「音楽を聴きながら、リズムに合わせて体を動かす」子どもの指導法で、小林はリトミックの提唱者ダルクローズからほぼ一年間、直接指導を受ける。そして、リトミックの指導が子どもの成長を促進するという確信を得て帰国する。その後、小原国芳とともに成城学園の設立に関与するが、一九三〇（昭和五）年、自費で再渡欧してリトミックをさらに学んでいる。なお、『八大教育主張』（一四一―一五〇頁参照）でもふれたように、手塚岸衛が創設した自由が丘小学校を手塚の死後に引き取り、成城学園を退職して、一九三七（昭和一二）年に創設したのがトモエ学園だった。

このように小林宗作は、中村春二や小原国芳、手塚岸衛など、大正自由教育の彩る人材の中で、リトミックという独自の世界を持った活動をしている。なお、師範教育を受けると子どもを型通りに教えがちになるが、小林は代用教員上がりの音楽教師だった。傍系を歩んだ小林がパリでの体験を参照しながら自分の感性を基に学校作りを試みた。それが自由度の高いトモエ学園を誕生させた背景なのであろう。

●子どもの自主性を尊重したい

大正中期に入ると、世界的な民主主義（日本では、民本主義）の流れの中で、日本の教育界でも「新教育」の旗印のもとに、子どもの自主性を尊重する運動が多くの教師の心をとらえた。その動きは、付属小や私立小だけでなく、公立の小学校でも、子どもの主体性を尊重する実践が試みられるようになる。

自伝を読んでいると、子ども時代に自由教育に接した事例が見られる。例えば、歴史学者の家永三郎（一九一三（大正二）年生まれ、東京の牛込育ち）が通った東京市立余丁町小学校の担任は、「修身の教科書など、つまらないことばかり書いてあるから読む必要がない」といって、「修身の教科書を一度も使用しなかった」。また、理科では実験や観察を大事にし、「机を向かい合わせに四角に囲む形に並べて」友だち同士でのグループ学習を進めている（家永三郎『一歴史学者の歩み』三省堂、一九六七年）。

もう一例、農政学者の古島敏雄（一九一二（明治四五）年生まれ、長野県飯田育ち）が通った飯田小学校では「図画は自在画といってお手本に従ってかくのでなく、何でも自由に題材を選んでかいた」。そして、音楽も教科書を使わずに、北原白秋や野口雨情の童謡を歌っている。なお、飯田小学校では通信簿が廃止され、通知票は「身体検査の結果と出欠状況、それに学習態度についての担任の先生の短評だけだった」という（古島敏雄『子供たちの大正時代』平凡社、一九八二年）。

この二人の証言は大正時代に自由教育が公立学校にも浸透したことを示す事例だが、トモエ学園は統制の強まった日中戦争下の一九三七（昭和一二）年から始まった実践である。戦時下にどうして自由な教育が可能だったのか。もっとも、昭和一〇年代、師範学校では厳しい思想統制が行われたが、旧制高校では自由が黙認されていたし、帝大では第二次世界大戦下でも西洋の音楽を聴き、欧米の情報を集めることが黙認されていた。大衆は抑圧するが、一部のエリートの自由は認めるという二元政策である。そうした視点で考えると、トモエ学園は、校長の小林が三菱財閥の岩崎小弥太からの援助を受けているのに加え、電車も東急から譲渡された。さらに、学園には富裕層の子が通っているので、赤化問題とは無縁だ。そうした状況から、治安当局の監視外となったのであろうが、小規模校であったこともお目こぼしの一因だったように思われる。

なお、トモエ学園は戦争の激化を避けて、一九四四（昭和一九）年に群馬県の吾妻郡に疎開するが、校舎は東京大空襲で焼失する。もちろん、敗戦後、トモエ学園の再建が可能だったが、小林は小学校の再建に意欲を示すことなく、国立音楽大学でリトミックを中心とした音楽教育に余生を捧げている。その結果として、トモエ学園はほぼ八年しか存在しない幻にも似た学園となったが、音楽教育の求道者だった小林宗作にとって、トモエ学園は子どもに音楽のすばらしさを伝える場だったのではないか。そう考えると、学園の経営は小林の人生の副産物だったように思われてならない。

学校作りの支えを何に求めたのか

斎藤喜博『可能性に生きる』一九六六年

●「島小（シマショウ）詣で」をする人たち

本書は一九五二（昭和二七）年から一一年間、群馬県の島村（現・伊勢崎市境）の島小学校の校長をした斎藤喜博（一九一一（明治四四）年―一九八一（昭和五六）年）の自伝だ。しかし、斎藤喜博が島小を去って半世紀、没後四〇年近くとなると、「シマショウ（島小）」も「斎藤喜博」も忘却の彼方であろう。

本書によれば、「一一年間に一万人近い人が、じかに自分の目で、島小の教育や島小の子どもや島小の教師を見た」という。特に赴任の翌年（一九五三（昭和二八）年）に斎藤が東大の宮原誠一研究室と提携して「全村総合教育」を推進したので、太田堯（東大教授、教育学会会長）や丸岡秀子（農村婦人問題などの評論家）などの著名人が島小を訪ね、村を活性化させている。

さらに、『世界』（岩波書店）が、「村の小学校―島小学校の記録（一九六〇年四月）」を特集しただけでなく、『文芸春秋』（一九六二年七月号）は新進の芥川賞作家・二六歳の大江健三郎が島小の実践を二日間見学したルポルタージュ「未来につながる教室　群馬県島小学校」を掲載している。もちろん、斎藤喜博自身も島小作りの過程を『学校づくりの記』（国土社、一九五八年）や『島小物語』（麦書房、一九六四年）などで著しているが、こうした動きを背景として、「島小」は戦後の民主教育の聖地のような感じとなり、島小（シマショウ）詣でをする教育関係者が跡を絶たなかった。

●僻地校だった「島小」

斎藤によれば、「私の赴任した島小学校は、児童数三六四名、職員数は校長をふくめて一五名の郡の中での一番小さな学校だった」。その上、村の中央を利根川が流れているので、学校は六学級ずつの本校と分校に分かれ、両校は「運動会とか卒業式とかいう行事も別々」の独立校だったという。さらにいえば、山村部の学校らしく、一四人の教員の内、師範出は一人だけ、残りは裁縫学校とか農学校などの卒業生だった。その他も「戦後先生の足りないときにたのまれて職についた人が多かった」。また、「一〇人がこの村の人であり」、大半が「消極的に平穏に過ごしたい」という無気力な教員で、教員の間では「島村に転任になるのは島流し」といわれていた。当然、「先生になってから一度も研究授業をしたことがないという先生」が大半を占め、授業は形式的な一斉教授で終始する。そして、子どもたちも単調な授業に慣れ、無気力だった。

そうした僻地校がどうして短期間に民主教育のシンボル校となり、「島小詣で」現象を起こせたのか。島小に勤務した女教師が斎藤校長から受けた薫陶を『島小の女教師』（斎藤喜博編、明治図書、一九六九年）で語っているので、その一部を紹介してみよう。

船戸咲子は、斎藤が赴任する前年（一九五一（昭和二六）年）に島小に転任になった。一年後に来た新校長は、「毎日のように教室に姿を現した」。「とまどい」、「身がちぢまる思い」だったが、ある日、斎藤は「教室の左側で、後ろから二番目の女の子」について、「授業をしていた私の気のつかない顔の表情や指の使い方」を話してくれた。その時に、「斎藤さんの目は、いつも教室の子どもに向けられていた」のに気づく。その後、斎藤は船戸に「学級の記録をかいてみると良い」と勧める。

●教師の意識改革を手がかりに

斎藤はそれ以上の指示を避けているが、記録を取ることを通して、船戸の子どもを観察する目を育てたかったのであろう。翌年、船戸は一年生の担任となる。授業参観に来た斎藤は「どうも一年生でないですね」と感想を述べる。船戸は「その意味がよくわからなかった」ので、「とまどうばかりだった」と回顧している。このように、斎藤はおりあるごとに教室を訪れては、船戸に子どもを見る目を養えと助言している。

一九五九（昭和三四）年、船戸が四年生の担任となった時、五年の担任・赤坂里子が「大造じいさんとガン」の授業に取り組むにあたり、船戸が四年前に行った実践の経験を尋ねに「毎日のように、私の教室に入ってきた」。船戸の「大造じいさんとガン」は、その時点では「すばらしい授業」と評価されたが、「いまの赤坂さんの解釈と子どものとらえている問題は、はるかに高く、するどく」、自分の実践が「赤坂さんによって完全に追いこされた」のを感じ、「喜び」と同時に「かなしみ」を味わったという。

この「大造じいさんとガン」の事例は、斎藤が赴任して八年が経ち、島小では教員間で教材研究を切磋琢磨する態度が定着したことを示している。船戸も赤坂から刺激を受け、学級の三五人の「ひとりひとりのノートをたんねんに」読むようになる。そして、「子どもたちは、どこかによいものを持っていた」ので、「私はその小さな子どもの考えを引き出しては授業をすすめた」という。斎藤は、どの子も良さを持っている。その良さに気づき、良さを引き出すのが教師の使命だと教師に説いている。「可能性に生きる」である。そして、斎藤の指導を受けて、船戸も、一人一人の子どもを見つめる優れた教師に成長していく。

●教員集団のカリスマ・リーダーとして

別の教員の例を紹介するなら、一九五六（昭和三一）年三月に赴任の挨拶のため島小を訪ねた児島環は、教員たちが「うんといい入学式をしたいんね。みんなで案を考えようよ」と話しているのを聞き、この学校の入学式は校長が決めるのでないことに驚く。そして、赴任してみると、「どの先生も自分の仕事をしっかりと持ち」、「生き生きと動いている」のに感銘を受ける。斎藤も、職員室の「炉の端で火ばしをつかいながら」、「それぞれのちがう考え方を持っている子どもを、全体の場で教師が結びつけ、一つの真理にまでもっていってやることが授業ですよ」と語ってくれる。

島小の斎藤は、自分を「校長」でなく「斎藤さん」と呼ぶように教員に呼びかけている。学校の管理者でなく、教員集団のリーダーとして自分を位置づけたのであろう。より正確にいえば、教員に考える際のヒントは与えるが、あとは自分で考えさせる。こうした形で、個々の教員の自己変革を求め、その力を結集した形で学校作りを試みている。担任が子どもを見つめることで、学級が変わり、そうした学級の総合体としての学校が変革していく。ボトムアップ型の学校改革で、校長の斎藤は教員集団の先頭に立つカリスマ・リーダーという感じである。

音楽指導が得意な小保方晃子は島小と同じ町の境小の教員だった。地域の合同音楽会のおり、島小は「二〇人足らずの子どもしかいないのに、他の学校の五、六〇人でする合唱よりボリュームがある」のに驚くが、「私がいって教えたら、もっとうまくなるだろう」とも思っていた。そうしたおり、斎藤さんに「島小に来る気がありますか」と誘われ、一九六一（昭和三六）年に島小の教師となる。そして、島小で「内容のない会議などはやらない。打ち合わせてすむものは、会議に出さない」原則で校内が運営されているのと同時に、「島小の先生たちの教材解釈は、私の考えていた教材解釈の意味をはるかに超えていた」のに驚く。斎藤が赴任し一〇年を経て、完成に近づいた時期の島小の姿なのであろう。そして、小保方が得意とする音楽でも、音楽が専門でない同僚が伴奏しているのに「子ども一人一人がしっとりし、全体がすっきり」する。しかし、小保方の伴奏では、子どもが自由に動いていないのを感じる。そうして自信を失った時、斎藤は「短歌をつくりなさい。作曲をしなさい」と、小保方を励ましている。

●斎藤喜博への毀誉褒貶

『可能性に生きる』によれば、斎藤喜博は、島小の実践への評価が高まるにつれ、さまざまな中傷に悩まされ始める。特に、地域でもっとも若い校長だったので、先輩校長からの妬みをかい、「島小の実践では学力が低下する」と誹謗される。そこで、県の教育研究所に依頼し、田研式の標準学力テストを実施してもらうが、「算数が特にすぐれており、六大都市の成績をはるかに上まわるものだった」。そうした形で学力不安の風聞を払拭できたが、先輩校長からの支えを期待しにくい状況だった。

それと同時に、斎藤が、赴任当初から地域について「島村は文化村ではない」と広言していることも地域からの反発を招く一因だった。実際に島村には明治以降、地主層が水害地策などを行って村を守ってきた歴史がある。また、村出身の博士が三〇名以上いるだけでなく、一九五四（昭和二九）年には村出身の学者二名が日本学士院賞を受けるなど、村人たちは村の文化的な伝統に誇りを持っていた。それだけに斎藤の発言は村の有力者だけでなく、村人からの反発を買いがちだった。さらに、島小に赴任する前の斎藤は県教職員組合の文化部長だったので、その関係から、村を訪ねる文化人に社会党や共産党系の人が多く、村の保守層の間に村が赤化するとの不安が広まる。

久保田武は、斎藤喜博に関する細かな聞き取りを行っているが（「ある校長経験者から見た斎藤喜博の生涯にわたる実践と生き方」『日本教育大学院大学学校教育研究家紀要』二〇一一年）、斎藤着任時の一四名の教員の内、八名が六年以内に島小を去っている。しかも、そうした離脱者に斎藤は突き放すような態度で接したという。斎藤の指導についていけなかった者の事例だが、島小の実践を光とするなら、影の部分の挿話である。

●学校の基盤を何に求めるか

校長としての斎藤は、「くだらない形式的な通達や指示などはほとんど無視していた」。「八回もやった公開研究会も、教育委員会などには一度も案内を出さなかった」。そうした意味では「公立学校であるのに一つの独立王国だった」と回想している。教育学的に見て、そうした形を実現できれば、理想に近い学校の姿とは思う。しかし、学校は社会の中に存在するのだから、存続のためには、学校を支える何らかの基盤が必要であろう。

地方自治が定着し、学校の自主性が尊重されるアメリカでは、地域の保護者が学校を支える感じで各学校が独立王国的に存在している。それだけに、アメリカの校長は地域との連携を大事にする。実際に、保護者からの異論が高まると、管理者としての校長の立場が危うくなる。

それに対し、日本の校長の現状は、教育委員会から校長が任命されるので、校長の目が校内でなく、教育委員会の方に向いている印象を受ける。それでは、教育委員会を無視し、地域や先輩と反目していた斎藤の場合（そのこと自体は悪いこととは思わないが）、学校作りの支えを何に求めたのか。

先に紹介したように、船戸や赤坂、小保方などの教師はリーダーとしての斎藤に心服している。たしかに、おりあるごとに斎藤は教師に近づいて、示唆に富む助言をしている。その結果として、斎藤は学校内に自分の教育論を信奉する多くの教員を育て、その人たちの推進力で学校経営を試みている。

それと同時に、東京発の大手メディアの発信を学校の権威付けに利用した印象を受ける。たしかに、メディアのお陰で、島小の知名度は上がった。その反面、村人にとって、東大教授や岩波の編集者、著名な評論家は雲上人で、心を開ける対象でなかった。その結果として、地域の人の中にはわが村をヨソモノが闊歩していると感じた人もいたのではないか。

斎藤は敵と味方を識別し、敵の存在を明確にして、味方を固める社会観を持っているのを感じる。そして、島小でも、教育委員会や地域の有力者は頑迷で、ともに教育を語る相手ではないとみなし、それを態度で示している。それだけに、斎藤には頼りになる味方が多い反面、斎藤を敵視する者も少なくない。その結果、カリスマ・リーダーの斎藤が去ると同時に、信奉者の教員も他校へ移り、島小の実践は砂上の楼閣のように姿を消した。

●境《さかい》小での実践

小さな村で、全国に響く教育実践を展開したのであるから、多少の軋みはやむを得ないと思うが、すでに、一九五八（昭和三三）年に斎藤は教育長から「村のなかに反対があるので」転任してくれないかといわれる。その時は拒否するが、その後も執拗に転任を促す動きが続く。そして、一九六三（昭和三八）年に急逝した校長の後を埋める感じで、島小の隣の東小の校長に異動している。さらに翌三九年には、児童数九五二名、教員三〇名の境小学校に異動し、定年までの五年間、勤務している。そして、島小での反省なのか、それとも、定年を前に究極の学校作りを目指したのか、境小での斎藤はマスコミが校内に入るのを排除し、授業の公開も止め、落ち着いた雰囲気で教育に取り組んでいる。

前掲の久保田武は境小のＰＴＡ役員にも聞き取り調査を行っているが、親たちは、斎藤の就任後、「学校ががらりと変わった。なかでも特に音楽と体育の印象が強烈で」、入学式や卒業式でベートーベンの第九の「歓喜の歌」を合唱していたのが思い出に残ると答えている。境小では、島小の実践が知られているので、斎藤に一目置く人が多かった上に、地域的にも古くから東武・伊勢崎線の境町駅があって、商店街が開け、学校の支える基盤がしっかりしている。さらに、教員も有資格の三〇代の人が多かった。そうした意味では条件的に恵まれた学校作りだったのであろう。特に、境小は都市部にある大規模校なので、境小での斎藤喜博は島小と異なる手法での学校作りを目指しているように見える。しかし、残念ながら、実践を公開していないので詳細をとらえにくいが、斎藤の学校作りの理念を知る意味で、島小と対比させて、境小での実践にもう少し光をあてる必要を感じた。

なお、晩年の斎藤は七〇歳で没するまで、全国規模の教育行脚の日々を過ごしている。

ユートピアの提示かもしれない。しかし、得るものはある

I・イリッチ『脱学校の社会』一九七〇年

●一九七〇年代は「脱学校論」旋風

一九七〇年代の教育界に「脱学校論」旋風が世界的に吹き荒れていた。そうした脱学校論の旗頭として、I・イリッチの『脱学校の社会』(Deschooling Society、一九七〇年)の名が浮かんでくるが、その他にも、C・ベライターの『教育のない学校』(Must We Educate?、一九七三年、下村哲夫訳、学陽書房、一九七五年)やJ・ホルトの『21世紀の教育よこんにちは』(Instead of Education、一九七六年、田中良太訳、学陽書房、一九八〇年)なども刊行されている。日本でも、それらの原著が刊行される度に研究者の世界で評判になるだけでなく、訳本もかなりの売れ行きを示したといわれる。

イリッチは、二五歳の時、ニューヨークのスラム街へ神父として赴任する。やがて、硬

直化した教会のあり方を厳しく批判するようになり、ラジカル神父としてバチカンと対立し、その後、教会の司祭の資格を返上することとなる。

こうした経歴から推察できるように、イリッチの主たる関心事は教会に象徴される社会制度の肥大や硬直化に向けられ、その具体的な批判の対象は軍隊や病院、刑務所などの「制度」へと拡大していく。本来人々に役立つはずの社会制度が肥大化し、制度自体が価値を持ちはじめ、人々を圧迫している。それだけに、脱制度化が必要だと説く。

●「制度化された学校」の問題

イリッチは、そうした「制度化」の観点から「学校」を批判する。『脱学校の社会』の「一章、学校の現象学」の中で、イリッチは「学校」を「特定の年令層を対象として、履修を義務づけられたカリキュラムへのフルタイムの出席を要求する、教師に関連のある過程」と定義している。つまり、「学校」とは、①一定の学習内容の履修を、②特定の年齢層の子どもを対象として、③校舎の中で長時間、④教師という限定された身分の人だけが教える制度だという。そうした学校という制度が肥大化するにつれ、学校で学ぶことだけが正しいという社会通念が定着する。

イリッチは冒頭の章「なぜ学校を廃止しなければならないか」の中で、「学校化(schooled)

されると、生徒は教授されることと学習することとを混同するようになり、同じように、進級することはそれだけ教育を受けたこと、免許をもらえばそれだけ能力があること（中略）だと取り違えるようになる」と指摘する。実際に「たいていの人々は、知識の大部分を学校の外でみにつける」のに、「学習のほとんどが教えられたことの結果だ」という「幻想」を抱いている。その結果、制度としての学校での成績を人間評価の基準とするようになり、自分から学ぶ姿勢を失っていく。それだけに、「学校化されてしまった社会を脱学校化すること」が必要だと指摘する。

そうした指摘を踏まえた上で、イリッチは、これからの社会では、「誰でも学習しようと思えば、それが若いときであろうと年老いたときであろうと、人生のいついかなる時においてもそのために必要な手段や教材を利用できる」「学習の網の目」(learning web) が張り巡らされることが必要だという。

●J・ホルトの「脱学校論」

イリッチの学校批判は鋭く、多くの指摘に共感を覚える。慣れ親しんで当然と思っている「学習の姿」が制度化された産物という問題提示に目を覚まされる感じもする。そうした指摘の鋭さと比べ、脱制度後の教育の姿についての「学習の網の目」構想に机上の空論という印象を受ける。たしかに、ラーニング・ウエッブは成人の学習論として成り立つとは思うが、小中学校への改善策とはいいがたい。というより、本書には、子どもの教育についての未来像はまったく提示されていない。もっとも、イリッチにとって、社会的制度の批判が主たる関心事であって、具体的な改革案の提示は視野の外だった気がする。したがって、本書は教育問題の提起書として優れてはいるが、本書に教育問題の解決策を求めるのは的外れのような気がする。

そうした意味では、J・ホルトは、同じ脱学校論者の中でも、教職を体験しているだけに、『21世紀の教育よこんにちは』の中で、イリッチより具体的な脱学校論を展開している。

ホルトは、学校を「学校」（小文字を使ったschool）と「**学校**」（大文字のSchool）とに分ける。「脅威によって生徒を集め、縛り付ける教師の学校」が「**学校**」（大文字）で、「人々が自由に選択でき、個性的な生き方を援助する学校を「学校」（小文字のschool）と呼ぶ。そして、教師についても、「学ばなければならないと決めた内容を圧しつけている人々」を「**教師**（大文字のTeatcher）」、「自ら望んだ事柄について学びたいと思っている生徒を援助する人々」を「教師（小文字のteacher）」と呼びたいと提唱する。

ホルトによれば、学校に対する人々の立場は以下の五タイプに分かれる。①「学校は基本的には良い存在だ」、②学校は良い存在だが、「より新しく、より良い設備や技術が必要だ」、③学校から差別が撤廃され、教育内容が新しくなれば「学校は良い存在になる」、④学校は良い目的を持っているが、「現在とまったく異なる場所に脱皮しない限り、この目的は達成できない」、⑤「学校の目的は基本的に悪いものである」の五タイプである。そして、①から③の立場をとる多くの人は「私——ホルトのこと（筆者注）——の考え方は完全に間違っており、気が狂っていると思うだろう」。だから、脱学校論を支持するのは④と⑤の少数者であろうが、それでも、抜本的な改革を試みないと、学校の再生は期待できないという。

●ユートピアとしての「脱学校論」

ホルトの考える「教育」とは、子どもが自主的に学習を進める営みで、そうした学習を支援するのが「教師」（小文字）、学習の場が「学校」（小文字）だという。そして、フリースクールの成功例ともいえるA・S・ニールのサマーヒル（一二六―一三二頁参照）についても、学校という枠を保っていると、脱学校論の立場から批判している。となると、ホルトにとっては、学校という枠を取り払った完全な意味での「フリースクール」だけが理想の学校となる。たしかに①財政的に保証された環境のもとに、②多様な需要に対応できる充実した設備があり、③卓越した指導者が集まって、④意欲的な子どもを指導するのならフリースクールが成り立つ。しかし、四つのどの条件が欠けても、フリースクールは混乱の場になる。実際に学校の現状を視野に入れると、公教育にフリースクール的な精神を持たせるのは望ましいと思うが、公教育そのもののフリースクール化は実現できないように思う。というより、完全なフリースクールはユートピアの世界の産物という思いがする。

ホルト本の訳者は新聞社に勤めるジャーナリストだが、「訳者あとがき」の中で、「英米では、個々の学校、教師による、個性的な教育の実行」が容易だが、日本では、「教師による『教育改革』は、ほとんど許されていない」。そして、「世界に類を見ない『教育国家』が誕生している。しかし、これからの日本では「人間の生き方の中で、教育をどう位置付けていくか」が問われると予測している。

訳者が執筆したのは一九七九（昭和五四）年で、それからほぼ四〇年を経た。たしかに、アメリカを訪ねると、一九九〇年代には見られなかったチャーター・スクール（特認学校）が増加している。これは有志の保護者が集まって自分たちの望む学校の構想をまとめ、教育委員へ起案書を提出して財政的な支援を求める。そして、企画書が採択されれば、施設を作り、教師を招聘して、学校を設置する仕組みで、公立のフリースクール版という感じがする。サンフランシスコ市などではチャータースクールが全学校の四割に迫っている。

その他にも、欧米の教育界では、学校の多様化が進んでいるが、日本の学校の硬直化はこの四〇年にさらに進んだ印象を受ける。それだけに、日本の現状を考えると、「脱学校論」の掲げるユートピアの世界と現実の教育との乖離がさらに進み、ユートピアを提示することに虚しさを感じる。しかし、閉塞化した時代だからこそ、明けない夜はないと信じて、高邁な理念を掲げることの大事さを感じる。脱学校論はユートピアの提示かもしれないが、現実を少しでも理想に近づける。そうした羅針盤として脱学校論から得られるものは少なくないと思った。

V

子どもたちの現在
——子どもの姿が見えない放課後の町

　平成末の日本では、飢える子の姿はなく、労働に追われる子どももいない。高校卒業後の進学率は八割を超える。子どもの天国がほぼ実現されたはずなのに、無気力な子どもが目につく。笛吹男の音に誘われて村中の子が姿を消したハーメルンのように、放課後の町は静寂で、子どもの姿は見えない。子どもの成長のスタイルが変容しているのが気がかりでならない。

「現代っ子」は、阿部の理想像か

阿部進『現代子ども気質』一九六一年

●子どもの姿をとらえる

子どもが変わったといわれる。そうした変容する子どもを「現代っ子」というなら、二〇一九年には二〇一九年なりの現代っ子がおり、二〇二〇年になると、また新しい現代っ子が誕生することになる。そうなると、それぞれの時期に「現代っ子」が登場する感じになるが、「現代っ子」という言葉に固有の重みを与えたのは阿部進だった。

阿部を「現代っ子」の旗手にしたベストセラー『現代子ども気質』(新評論社、一九六一年)は、遠足のバスの中での子どもの姿を紹介するところから始まる。「バスに乗るとね、気持ちよくてさ、先生のいることを忘れちゃう」から、「でっかい声をはりあげての大合唱がバスの中一杯ひろがります」。「星は何でも知っている」(平尾昌晃で知られる)や「月影のナポリ」から、西部劇仕立ての人気テレビ番組「ローハイド」の主題歌へと続く。そして、「みんなまちがえるなよ」というリーダーの指示にしたがって、全員で「松原とーちゃん、きゆるかーちゃん」を大声で歌う。もちろん、「松原遠く　消ゆるところ」の替え歌である。

●「現代っ子」の特性

この遠足バスの事例を手がかりにすると、現代っ子を支える特性が明らかになるという。まず、①先生の言うことを軽く受け流しながら、②現在の社会状況を積極的に受け止め、③子ども集団としてのまとまりを持って、④たくましく問題を解決していく子どもたちである。先生の指示の通りに「松原遠く　消ゆるところ」と歌うのを「かつての子」とするなら、「とーちゃんとかーちゃんとけんかして」、と「一ばん、二ばん、三ばんとひとりとして歌詞をまちがえることもなく」歌いきるのが「現代っ子」だと、阿部は指摘する。

もう一例、「パン盗難事件」を例にとると、児童会の時に、牧田君から「谷川君と一緒に、田畑君の給食袋からパンを盗んで食べた」ので、善悪を判断して欲しいという発言があった。パンを盗まれた田畑君が怒って、児童会で発言するというので、牧田君が自分から盗んだと言うことになったらしい。児童会でみんなで話し合った結果、牧田君と谷川君は、①田畑君にていねいにあやまること、②一週間日直を続けること、田畑君は、①パンを食べられたことを許す、②児童会で発言するといったことを二人に謝るとともに、③田端君は皆の前でもっとハキハキ話すことを決めて、児童会は終わっている。

児童会の中で、担任も発言しようと思うが、子どもたちがキチンと話し合っているので、事態を静観している内に児童会が終わる。学級の中で起きたトラブルを児童会での話し合いを通して解決していく。この「パン盗難事件」にも、「遠足バス」と同じような現代っ子を支える①から④の四つの特性が見られるという。

●変容する子どもの姿をつかむ

『現代子ども気質』の中で、阿部は言う。現代の親や教師は子どものさま変わりに当惑し、子どもに振り回されながら対応策を考えている。しかし、子どものとらえ方そのものを間違えている。子どもを理解するには、「子どもの現状に目をむけるところを出発点としてもらいたいのです」。そう考えて、子どもを観察し、「子どもは現在どの地点にいるのか」という「事実を認定」し、「『実際に、こんな子どもの現状がある』ということをいくつか提示」するつもりで執筆したのが『現代子ども気質』だという。

『現代子ども気質』は一九六一(昭和三六)年に刊行されているが、この時期に子どもの生活が大きく変容している。一九五五(昭和三〇)年頃の子どもはメンコやビー玉に熱中するかたわら、紙芝居屋の「黄金バット」に声援を送り、駄菓子屋の当てものに興じていた。家の周りに子どもが群れていた時代である。しかし、一九六二（昭和三七）年にテレビの受信台数が一千万台に達し、ほぼ半数の子が家のテレビで「鉄腕アトム」や「鉄人二八号」（いずれも一九六三（昭和三八）年に放映開始）を見つめるようになる。子どもが家の中でテレビを見続ける状況が生まれるので、街角から紙芝居屋の声が消えると同時に、多くの駄菓子屋が廃業に追い込まれる。このように昭和三〇年半ばは、地域からガキ大将的な子どもの姿が消え、家の中で勉強の合間にテレビを見つめるスマートな現代風の子どもが登場する転換期にあたる。そうした変化を敏感にとらえて、現代っ子の誕生を指摘した阿部のジャーナリスチックな感覚は鋭いと思う。

阿部は横浜国大卒業後、一九四九（昭和二四）年から川崎の小学校に勤務している。そうした教育実践を通じて、子どもの変容に気づいた。そして、『現代子ども気質』に収録されている事例も、子どもを観察する過程から得られた素材なのであろう。だからといって、書かれている子どもの姿の全部が現実のものとは言い難い印象を受ける。先ほど引用した「パン盗難事件」の児童会の場合、それに近い事例があったとは思うが、子どもの発言はもう少ししどろもどろであろうし、担任も少しは発言したのではないか。また、「遠足バス」も、バスの中で「松原とーちゃん」と歌う子が何人かいて、みんなの笑いを誘ったのは確かだと思うが、三番まで全員で「松原とーちゃん」というのは誇張に過ぎる。その他、本書で紹介している事例を読んでも、阿部流のフィクション的な加工がなされている感じがする。

●理念型として「現代っ子」

このように見てくると、阿部が子どもの行動から示唆を得たのはたしかだが、子どもの行動の断面を切り取り、そうした断片を組み合わせて「現代っ子像」を構築したように思える。しかし、小学校の教員生活の長い阿部の指摘だけに、社会的には阿部が子どもの実像を紹介していると受け止められがちだった。そのため、阿部の提起した「現代っ子」像に違和感を抱く人々から、子どもに迎合している、誇張が過ぎるなどの批判の声が強まり、この時期、「現在っ子」是非論が盛んに交わされている。

阿部は、現代っ子批判に答える形で、一九六二(昭和三七)年に『新版現代子ども気質』(三一書房)を著している。「新版」では、阿部は現代っ子についての理論化を試みており、現在の子どもは、①親の言う通りに行動する「親子一心同体」の子、②「何をするのか」をじっくり考え、「大地に足をどっかりとつけた」行動をする子、③「目的もなく、何を身につけて世に出ようとするかわからない」惰性で生きている「その他おおぜい」の子、

④「『ドドーン』と行きましょうと流行にのる」子に分かれる。しかし、そうした子どももも「いまの子どもであっても『現代っ子』ではない」と指摘する。

この四タイプの内、①の子が、現状を肯定するのでなく「世の中を変えていく」気持ちになれば、現代っ子に近づく。また、②の子は「一ばん可能性を持った子」だが、理想を追いすぎているから、「資本主義社会の過酷な生存競争に勝ちぬきつつ新しい社会の建設要員」となれれば、現代っ子の仲間入りができる。さらに、③の子どもも「オレの生き方はオレがきめる」と考えれば、そして、④の子は勢いまかせでなく、「データを示して」行動できれば現代っ子になれるという。そして、阿部は、現代っ子は「現代社会をたくましく生き抜く子」を意味するから、どの子も現在の短所を是正すれば、、現代っ子になれると提言する。

こうした指摘を手がかりとするなら、阿部の現代っ子論は、子どもの現状について考察というより、理想の子ども像を提起し、そうした目標へ子どもたちを方向付けようとする問題提起だったように思われてくる。

●二一世紀版の現代っ子論の提示を

阿部は、いわばテレビ時代の到来を背景に変容する子ども像を提示しようとしている。

それから半世紀以上を経た現在、スマホなどのSNSの出現は新しい子どもの誕生を予感させるものがある。実際に、大人以上にスマホを巧みに操れる子どもを見かけることが多い。となると、子どもも、大人と同じ情報を同時刻に入手できるし、それに対する反応を、子どもの枠を超えて発信できる。そうした意味では、スマホの浸透は子どもと大人の境界線を失くし、子どもも情報の受信者であると同時に子ども自身が発信者となれる時代を迎えている。となると、大人と子どもを分けるものはなにかという論議が浮かんでくる。そうした中から、二一世紀版の現代っ子が誕生する状況下にある。

それだけに、一九六〇年代に阿部が提起したように、これまでの子ども観にとらわれることなく、現在の子どもの姿をリアルにとらえつつ、スマホ時代の理想的な子ども像を構築し、分かりやすい形で提示する。そうした「二一世紀版の現代っ子像」の提起が望まれている。その際、阿部が提示した「現代っ子の四タイプ」は二一世紀の子どもにも適応できるのを感じる。スマホに接しながらも、溺れることなく、スマホを自分なりに統御し、スマホを利用して自己を発展させていく子ども像だ。しかし、残念ながら、そうした二一世紀の阿部版的な子ども論の旗手はまだ登場していない。それだけ、見通しが立てにくいのが現在の子どもの状況のように思われてくる。

障害児の活躍は、日本社会の柔軟性のバロメーター

乙武洋匡『五体不満足』一九九八年

●障害児の子を学級に迎え入れる

本書は、「先天性四肢切断」として生まれてきた乙武洋匡《おとたけひろただ》（一九七六（昭和五一）年生まれ）が幼稚園から大学までの学校生活を綴った記録として知られる。「障害児＝養護学校」という通念に逆らって、両親は、洋匡を普通の子と同じように公立の小学校へ入学させたいと願う。

さいわいなことに、校長の配慮で、洋匡は世田谷区立用賀小学校に入学できることになる。といっても、手足を欠き電動車椅子に乗る子だから学校側も洋匡への対応に苦慮する。そうした時に、「私が受け持ちます」と名乗りでて担任になったのが「経験豊富なベテラン」で「おじいちゃん先生」といわれた高木先生で、一年生から四年生まで四年間の担任となる。ベテランの教師といっても、重症の障害児の扱いは不慣れなので、洋匡への対応に高木

は試行錯誤を繰り返す。特に学級の子に洋匡とどうかかわらせるかが難しかった。電動車椅子に乗っての動きなので、最初は好奇心から多くの子が洋匡を取り巻くが、その後、車椅子に慣れるにつれ、「あれをしてあげよう」と、洋匡の「手伝いをしたがる子が増える」。そうなると、誰かがしてくれると、洋匡の心に「甘えた気持ちが育ってしまう」。そう考えて、高木は、子どもたちに「自分でできることは自分でさせましょう。その代わり、どうしても一人でできないことは、みんなで手伝ってあげる」ようにと指示する。

高木は「今だけかわいがってやることは、いくらでもできる。だが、この子はいつかひとりで生きていかねばならない。その将来を考え、今、何をしてやることが本当に必要なのかを考え」、自分に「意識的に厳しくしていた」。そうした高木の指導について、洋匡は「真の厳しさとは、真の優しさである」と気づいたと回顧している。

●「オトちゃんルール」から「OTOHIRO印刷」へ

「自分でできることは自分で」が原則であっても、洋匡は他の子と同じ行動をとれないことが多い。その中から、子どもたちは状況に応じた「オトちゃんルール」を作っていく。野球好きのオトちゃんの打順になり、オトちゃんが打つと代走の子が一塁へ走る。また、サッカーではオトちゃんがシュートを決めると三点というルールができた。さらに、マラソンで校庭を一週した場合のスタンプは一つだが、オトちゃんルールはスタンプ四つだった。

四年生の終わりに高木先生が退職され、担任が若い岡先生に代わる。岡も一年生だった洋匡の担任を希望した一人で、高木とは別の形で洋匡を指導していく。担任になった最初の日、岡は「床に腰を下ろし」、洋匡と「同じ目線の高さ」で話してくれた。そして、ワープロを見せながら、「これを使ってクラスのために仕事をしないか」と提案し、洋匡が「やります」と答えると、翌日、「OTOHIRO印刷会社」を発足させ、会社名の入った茶封筒を渡しながら、「がんばってくれよ、社長」と励ましてくれた。

「先生が、こんなスゴイことを任せてくれた」、「先生の役に立てるようにならなくちゃ」と使命感に燃えた洋匡はワープロの技術を習得していく。そして、「クラスの展示物、授業で使うプリント、遠足のしおり」などの「乙武作品」を提供できるようになった。

洋匡の言葉を借りれば、高木先生は「特別扱いはせず、できる限りのことはみんなと同じように」と指導し、岡先生は「みんなと同じようにすることができなければ、その他のことで補えばいい」と、洋匡の個性を育てるための指導を行っている。

小学校を卒業した洋匡は用賀中学校へ入学し、その後、都立戸山高校を経て、早稲田大学へ進学する。そうした洋匡の学校生活を振り返ると、障害を抱えながら、逆境を乗り越えていく洋匡の積極的な姿勢が学校生活を過ごせた原動力だとは思う。それと同時に、小学校段階で、障害について深い理解を持つ二人の担任に出会えたことの幸運を感じる。

●どの人もハンディキャップを持つ

「障害」という言葉を聞くと、三〇年以上前に訪ねたシアトルの障害児訓練センターの所長の言葉を思い起こす。その頃、ワシントン州はアメリカの中でも先進的な社会福祉政策を展開している地域として知られていた。学生とともにシアトルの小学校を訪問した時、現地の先生から勧められ、障害児訓練センターを訪ねた。センターには障害をかかえる多くの子が援助者に支えられて、それぞれの課題に取り組んでいた。部屋が広く明るいせいもあって障害児施設にありがちな暗さがなく、どの子も笑顔にあふれているのが印象的だった。

訪問後、所長から「ハンディキャップ」についてのスピーチがあった。英語に戸惑う学生たちに、学生諸君は英語を話せないことにハンデを感じていると思う。しかし、私は英語を話せても日本語は全く分からないが、君たちは日本語を話せる上に英語もかなり分かる。言葉ハンデという意味では一つの言語しか話せない私の方がハンデを負っている。こちらの人は君たちの英語を分かろうとするから、君たちは自信を持って、大声で英語を話しなさい。

その言葉に学生たちの表情が明るくなった。所長の話は続く。どの人もハンデを負うと同時にその人なりの個性を持っている。ハンデを気にしないで、個性を伸ばせばよい。例えば、あなた方の先生・ドクター・フカヤは五〇歳位なのに、髪の毛が真っ白なヘア・ハンディキャップだ。でも、ドクターは学者なので、白髪がよく似合う。これから六〇代になり、もっと髪が白くなると、白髪だけで思慮深い学者に見え、白髪の存在が個性を支える。そうなると、ドクター・フカヤの研究がきれいな白髪に負けはしないかが心配となる。

ここまで話し、私にウインクしてスピーチが終わった。あとで聞くと、所長は障害児教育の開拓者として知られ、現在のセンターを築くのに二〇年以上の歳月をかけたという。センターには六〇人のスタッフがいるが、国籍はアジア系や中南米系を含めて二一か国に達すると聞いた。それだけの多様さを抱えると、人事管理も大変だと思うが、そのお陰で、多民族の文化や風習に詳しくなり、多様な文化を持つ人たちへの対応の仕方を学んだ。そうした経験が本業である障害児の指導にも役立ったと話していた。

●障害ではなく、個性としてとらえる

障害児訓練センターに限らず、シアトルでは、韓国や中国、そして、メキシコやエジプ

トなど、三十数名の中に一〇を超える国籍の子が交ざっている学級が多かった。当然、それぞれの子が母国語を持ち、衣食住のすべての文化が異なる。そうなると、子どもの中にそれぞれの子にその子らしい個性があるという感覚が育つ。肌の色が違い、知らない言葉をしゃべる。そんな子と比べれば、同じ言語を話す車椅子の子の存在に違和感を持たなくなる。というより、障害(特に身体的な)はその子の一つの個性にすぎなくなる。

日本でも、学校の多国籍化が進んでいくから、今後は変わるかもしれないが、日本の学校はどの子も同じという単一文化を前提に成り立っている。そうした状況の下では、障害を持つ子は標準からはみ出た存在で、当然のように普通学級から排除されがちになる。しかし、多国籍化が進めば、日本語の読み書きのできない子も登場する。また、髪の毛が縮れている、あるいは、茶色い子が増える。そうなると、パーマや脱色を禁止する校則は妥当性を失う。給食についても、ムスリムの子がいれば、ハラーム(禁忌)を配慮し、豚肉などを使わないハラール(許されるもの)にする必要が生じる。そうした状況が進むと、給食も多様化せざるを得なくなる。その結果、一人ひとりの子の個性に気づき、どの子もその子としての個性を持つという感覚が育つ。

そうした中で、「共通からの逸脱」ととらえがちな障害を、障害も一つの個性としてとらえる見方を持てるようになる。もちろん、障害をおっている場合、障害の程度に応じた支えが必要だが、支えがあれば障害があってもその子なりの個性を発揮できる。考え方によれば、障害児がどの程度活躍できるかは、日本社会の柔軟性を図るバロメーターのように思われる。

数年前まで、新宿の小田急デパートの近くにビーフシチューの名店アキヤマがあった。ラジオのパーソナリティとして活躍した秋山ちえ子さんの息子さんがシェフをする店だ。四〇年以上前に秋山さんとは都の委員会でご一緒して懇意になった。

そのおり、いきさつをお聞きしたのだが、ご長男は学業不振児だった。高校進学にあたり、秋山さんは無理を避け、長男をイギリスの料理学校で学ばせることにした。本場での修行を生かし、帰国後、息子さんはビストロ風の店を開いた。秋山さんに勧められ何度か店へ通ったが、お会いした時に、知恵遅れの影をまったく感じなかった。というより、経済的に安定した英語の堪能なオーナーシェフで、人生の成功者という印象だった。その時、知恵遅れは学校社会の中でのレッテルにすぎず、社会に出ればそんなレッテルなど払拭できると強く感じた。それと同時に、「せめて高校を卒業させたい」という気持ちを抑え、子どもを武者修行に出した秋山さんの決断にエールを送りたいと思った。障害をかかえる子の養育に、親としての賢明さが求められることを示す事例である。

不登校は、個性を認めない日本の文化の産物

千原ジュニア『14歳』二〇〇七年

●「青い制服」を脱ぐ

千原ジュニア（一九七四〈昭和四九〉年生まれ）が育った福知山では、多くの子は「黒い制服」の公立中へ通うが、少数の子は「青い制服」の私立中学へ進学する。そして、黒い服の子が「大人に嫌われる」一方、街の大人は「青い制服を着た中学生が大好き」だった。そこで、ジュニアも、三か月の猛勉強の末、青い制服を手にするが、進学校らしく入学直後から受験勉強という「青い服を着た人たちだけのレース」が始まる。しかし、ジュニアは青い服を着る目的だけで入学したので、「僕はこのレースに出るつもりはない」。ところが、先生から「レースに参加しないなら青い服を着るな」といわれ、「僕が今するべきことは僕が走らねばならないレース場を探すことだ」と思う。

家の二階に「変な形」をした天井の低い四畳の部屋がある。窓が一つあり、「空が少し

だけ見える」。そこに、一階からテレビとポット、コーヒーカップを持ってくる。そして、外だけでなく、中からも鍵をかける。ここが「僕のいる世界の広さ」だ。そして、青い制服を脱ぎ、パジャマを着たままで、部屋で一日を過ごす生活を始める。当惑する母親に、自分が「走るべきレース場を見つけるまでもう少し我慢してください」と言いたいが、実際は「どこからどこに向かって船をこぎ出せばいいんだろう」と先のまったく見えない五里霧中の状態だった。

●引きこもる一三歳

ジュニアが二階の部屋に一日中こもる日々が始まるが、四歳上の兄は大阪暮らしで不在、「妹とはもう何年も話をしたことがない」。そのため、母親が「ご飯を部屋の前に置く」。母親が下に降りてから、食事を取る。そして、母親が働きに出た後、一階に降りてお風呂に入り、また部屋に戻り、タバコを吸いながら、テレビを見る。やがて、「すべてのテレビ番組が終わった。スナアラシが始まった」。

そうした日々が続き、「一か月も誰とも話をしていない」状態となる。しかし、学校には「僕が前にすすむための力になるモノなんて一つもない」から、「不安感も恐怖心もない」。というより、今の「僕はこの先進むべき道を慎重に選んでいるんだ」と、自問自答をしながら時間を過ごす。その結果、不登校が三か月、そして、六か月と長引いていく。その間、日中は部屋に閉じこもり、夜中にパジャマ姿でタバコを吸いながら、徘徊する金髪の一四歳。近所からも苦情が来るし、母親はジュニアへの対応に疲れきっていく。

ある晩、親から呼ばれ、下へ行くと、母親は「言葉の一つ一つにすごく気をつかいながら」、「なぜ部屋をでないの」、「何をしたいの」と言う。その後、父親は、母親が「もう限界」だから、自分の仕事先を大阪へ移し、二人で一緒に大阪で暮らし、そこの中学へ通ってはと提案する。ジュニアは何か言いたいが言葉にならない。やがて、父親の「体裁が悪い」という言葉にキレ、食器棚のガラスを割り、壁を叩いて穴をあけ、「駆け足で自分の部屋に戻った」。

●祖母との旅と兄の誘い

その晩、電話をかけてきた祖母は、「最近、学校に行っていないらしいね」といった後に、「二人で旅行に行こう」と言った。祖母は、大人から叱られるジュニアを、「正直なだけなのにね」と言って笑顔を浮かべるのが常で、「僕は昔からおばちゃんと友だち」だった。翌朝、迎えに来た祖母はジュニアの金髪を見て、「もう少し白っぽいほうがかっこういいのに」というだけだった。行く先は冬の金沢の公園だった。祖母と歩いている内に、「不安でパンパンにふくれあがった風船からゆっくり空気を抜くように」気分が和らぎ、その晩は、「こんなに寝つきがいいのは久しぶり」の感じで熟睡した。

旅行から帰ると、緊張感がとれ、学校へ行こうという気持ちになる。といっても、四時間目に登校したり、体育の時間はサボるような学校生活だが、何とか青い制服の中学を卒業し、高校に進む。しかし、そこは、「大学の名前とその大学に合格した人たちの名前」を書いた張り紙だらけの場所だった。そんな雰囲気に反発したジュニアは「僕は二度とここに来ることはない」と思い、帰路、青の学生服を川に投げ捨てた。

そんな時、大阪で暮らす兄から「俺が今いる世界で一緒に戦おう。明後日、その世界を見に来い」という電話があり、訪ねた先は吉本の養成所（吉本総合芸能学院。通称はＮＳＣ）だった。そして、二日後、兄弟で漫才を演じることになり、兄から台本作りを頼まれたジュニアは、夜を徹して、青い制服の学校での思い出をネタとしたコンテを作る。当日、兄弟で漫才を演じ終わった瞬間、「僕の耳には、聞いたことのない数の笑い声が入ってきた」。そして、担当者が今日の三〇組の中で「お前らが一番だ」といってくれた。帰宅後、テレビを一階に戻し、親たちに兄と大阪で暮らすと告げ、家を出る。その時、ジュニアは一五歳になっていた。一四歳の三〇〇日前後を、あの部屋で過ごした計算になる。

●自分らしく生きたい

不登校の子の多くは、自分の部屋にこもり、外に出てこない。そして、時たま、居間に来ても些細なことにキレては暴力を振るう。ハリネズミみたいで、親は子どもが何を考えているのか分からずに対応に苦慮する。

『14歳』は、不登校の子の心情を赤裸々に綴った記録としての評価が高い。もちろん、不登校にはその事例固有の背景があると思うが、『14歳』が不登校に示唆するものは何か。

ジュニアは、「人と同じように見られるのがものすごく嫌な少年」であると同時に、「人と同じことをするのが嫌な子」だったという。世間の目をはねのけ、自分らしく生きようとするが、時として、周囲とトラブルを起こす。小学生の頃からショートホープを吸い始め、一三歳の時に髪を金色に染める。そして、自宅でも、キレては暴力を振るい、居間や台所の壁に何か所もの穴をあける。その結果、「誰よりも大人に嫌われる一四歳」、「誰も触りたくない一四歳」となる。

一口で言えば、扱いにくい子どもだが、小学生の頃、遊び仲間が、年上の子から殴られると、「年上の人を殴り返しに行った」。理不尽なことに我慢のできない性格でもあった。それだけに、同一行動を求める学校はもっとも適応しにくい場となる。幼稚園の頃、「太陽をむらさき色で描いて」、先生に叱られた。そうした時、先生の判断より自分の感覚を大事に考える子だった。また、青い洋服の中学でも、規則の「白いくつ下」は汚れやすいから黒い方が清潔だと思うが、先生は規則にこだわる。納得できないことに強く抵抗する子どもだった。その反面、幼児の頃のジュニアは「人の家に入れなかった子供だった」という。ナイーブな感覚を持っているので、反抗する自分に傷つくことも多かったのではないか。

そうしたナイーブな子だけに、部屋に籠もりながらも、外の世界をうかがいつつ、自分らしい生き方を模索する時を過ごしている。なお、一〇代の子が親に反発し親を避けつつ、一定の時期を過ごす。その後、内面が充実すると、硬い殻から脱皮して、親と和解する。そうした過程は発達心理学的に第二反抗期と呼ばれるが、ジュニアは反抗の度合いが激しい事例で、脱皮に三〇〇日の巣ごもりが必要だったと思えば、状況の一端を理解できよう。

●自分を受け入れてくれるメンターの存在

なお、『14歳』を読むと、ジュニアの脱皮に祖母と兄とが関わっているのが興味深い。自分の子育ての経験から、祖母は親が思うようには子どもは育たないとジュニアをありのままに受け入れ、旅に誘っている。また兄も、「大人に怒られている僕を見ては、いつも優しく笑ってた」存在で、養成所の時も、ジュニアの書いたコンテに「ええやん」といい、「やろか」と打ち合わせを始める。ありのままのジュニアを受け止めてくれる存在である。臨床心理の専門家が使う用語に「メンター（mentor）」がある。助言者や支援者を指す用語だが、親は子どもの成長に責任を持つから何とか学校へ通わせたいと叱咤激励する。そうした縦の関係に対し、メンターはその子の心を理解しているが、責任を負わない斜めの関係からその子を支える存在である。

ジュニアの事例でいえば、両親は責任があるから将来を考えて登校を促す。それに対し、祖母や兄はジュニアを熟知してはいるが、責任感を持たない立場で救いの手を差し伸べるし、ジュニアも祖母や兄は自分を理解してくれていると分かっているので、迷わずに誘いに乗る。ジュニアにとって、脱皮の時期にそうしたメンターが存在したのは幸運だったと思うが、多くの不登校児の場合、そうしたメンターを望みにくい状況なのであろう。

●自己主張を尊重する文化

『14歳』を読みながら、アメリカの学校を想起した。アメリカの学校は母国語を異にする多様な文化を背景に持つ子どもから構成されているから、自分から主張しないと自分を理解してもらえない状況にある。したがって、アメリカの学校では、いち早く挙手し、積極的に発言する子が評価される。日本のように、教師が「君はどう思う」と沈黙気味の子の発言を促すことはなく、発言しない子は権利を放棄したと見なされる。個々の子が自己を主張すると同時にその主張を尊重する学校文化がある。

そうした状況だけに、アメリカなら、ジュニアの「紫色の太陽」は個性的な感覚として評価され、「黒い靴下」についても論理的な妥当性があるので認可されたのではないか。そうした意味ではアメリカの学校なら、自分を主張するジュニアは学級のリーダーになったと思う。換言するなら、ジュニアの不登校は個性を認めようとしない日本の学校文化の産物という感想を抱く。

「よしや君のおばさん」や「出山のおばさん」が欲しい

田村裕『ホームレス中学生』二〇〇七年

●ホームレス中学生の誕生

お笑いコンビ「麒麟」の田村裕（一九七九（昭和五四）年生まれ、大阪の吹田育ち）は大手製薬会社の課長の父とやさしい母、兄と姉との五人家族で四ＬＤＫの高級住宅で幸せな生活を送っていた。小学五年生の五月、母親が直腸癌に倒れ、手遅れで亡くなる。その後、祖母が逝き、その直後、父親自身も直腸癌に罹り、休職している時期に、会社のリストラが始まって解雇される。その結果、家を手放すことになり、マンションの二階に移る。しかし、中二の一学期末に、帰宅してみると、部屋が差し押さえられ、家具が家の外に出され、家に入れなかった。ローンか家賃かの長期不払いの結果であろうが、事情の分からないまま、きょうだいで父を待つ。姿を見せた父は「家には入れないから、解散！」と言って、どこかに行ってしまった。

兄や姉は三人で一緒に行動しようといってくれたが、二人に迷惑をかけないのが「兄姉孝行」と思い、「いつでも泊めてくれる友達がいる」とつっぱって、裕は公園での一人だけのホームレス生活を始める。なお、兄と姉も、裕とは異なる公園で野宿をするが、兄は昼間コンビニで働いて収入を得、姉は昔住んでいた団地の知人の家で暮らせることになる。それに対し、裕は自販機の下から小銭を見つけた日は食べ物にありつけるが、空腹をガマンできない時は兄のコンビニを訪ねてご飯を食べさせてもらう。しかし、甘えてばかりいられないので、草を食べたり、ダンボールを水に浸してかじったりして飢えを防ぐ。そして、雨が降ってくると、裸になって体を洗った。

●親から見捨てられた子の悲惨さ

『ホームレス中学生』の響きが強烈なので、同書は二〇〇万部を超えるベストセラーとなり、二〇〇八（平成二〇）年に同書を主題とした映画も公開された。しかし、自伝などを読むと、親の許に安住できない事例に出会うことがある。

例えば、落語家の桂雀々（一九六〇（昭和三五）年生まれ、大阪の住吉育ち）も中学一年の時から一人暮らしをしている。父親はうどん屋をしていたが、無類のギャンブル好きで、家で博打をする傍ら、競艇場に通いつめ、借金を重ねる。母親は雀々にお金の不自由をかけたくないと、「朝はヤクルトおばさんになり、昼間は保険の外交員、夜はミナミの繁華街でタバコ屋の手伝いをし」、その収入で、雀々は習字や塾などに通った。

小学六年生の五月、担任と母親を交えての三者面談があった。面談が終わり、母親の「気ぃ付けて帰っておいでや」の声を聞きながら、友だちと遊んで、夕方家に戻る。しかし、「聞こえてくるはずのオカンの『おかえり』がない」。忍耐の限界を超え、母親は家を出てしまい、父親と雀々が家に残る。その後も父親の借金は増え、借金取りが家に押しかける。「ボクが『オカン』と『子供』の一人二役をして」いく。その後、両親は離婚し、父親はますますギャンブルにのめりこみ、家で賭博を開帳する日も続く。卒業式の時も、雀々は一人で卒業式の準備をし、式に臨む。その後、父の生活はさらに荒れ、親子心中寸前となるが、父親は家出をし、中学一年生の雀々はただ一人で家に残ることになる（桂雀々『必死のパッチ』幻冬社、二〇〇八年）。

●ソフトシェル・クラブ（甲羅の薄い蟹）としての子ども

当然のことだが、子どもは家庭の中で親の愛情に包まれながら育つ。親に対する依存は、乳幼児期の「生理的」から児童期の「心理的」へと依存の形は変わるが、子どもは親の愛情を信じ切って育っていく。見方によると、子どもは「ソフトシェル・クラブ（甲羅の薄い蟹）」で、甲羅の硬さが増し、外からの刺激をはねのけるようになるまで、子どもを守るのが親の責務であろう。といっても、すべての親が子どもの守り手になるとは限らない。雀々の父ほどギャンブルにのめりこまなくとも、パチンコ漬けや酒乱ぎみで親の責務を放棄しがちな親は少なくない。また、両親が癌に罹った裕の事例は全くの不運にしても、親のどちらかが大病を患えば、家庭の機能は麻痺する。もちろん、夫婦の仲がこじれ、離婚ともなれば、家庭としての安定が失われる。さらに、近年、子どもを虐待する親も増加している。親にはそれなりの事情があると思うが、子どもからすれば、無条件で頼れるはずの相手から虐待される。それだけに、子どもの心の傷は果てしなく深いものがあろう。

そう考えると、親からの保護に頼れないソフトシェルの子が一定の割合で存在するのに気づく。こうした場合、地元の児童相談所に連絡すれば、棲み処を保証してくれる。実際に全国で三万人の子が六〇〇の児童養護施設で暮らしている。施設といっても、小舎化が進み、施設という感じが薄れてはいる。しかし、小学生の場合、ケアをする指導員は子ども五・五人に一人だが、指導員は仕事なので、勤務時間が過ぎれば職場を離れる。その結果、子どもからすると、子ども一〇人強に指導員一人の感じになる。しかも、子どもの中に発達障害や虐待の後遺症を抱える子もいるので、指導員はそうした子への対応に追われ、問題の少ない子が放置されがちになる。

●施設的な養育と家庭的な養育

児童養護施設は、いくら小舎化しても家庭とは異なる。子どもは育ちを異にする数名の子と指導員のもとでの日々を送る。集団の中での行動が優先され、個としての自由が少ない。食べ物の好き嫌いを言い、好きなテレビ番組を見て、適当な時間に入浴する。家庭で育つ子なら当たり前のそうしたことを施設ではできない。というより、家庭の中の子は、親からの愛情を当然のように感じて育つが、施設は衣食住を保証してはくれるが、残念ながら、施設には愛情を注いでくれる無条件で頼れる保護者はいない。

家庭的な環境の中での養育といえば、欧米では、里親（養育をする親 foster parent）のもとに委託する制度が一般的だ。アメリカの七七・〇％、イギリスの七一・七％など、里親委託率は五割を超える。日本でも家庭的な養育の大事さに対する認識が広まり、里親委託の必要性が提唱されている。実際に、里親委託率は、二〇〇三（平成一五）年度末の八・一％から二〇〇八（平成二〇）年度末の一〇・五％、二〇一六（平成二八）年度末の一八・三％と伸びを示し、静岡県の委託率四五・五％のような状況も生まれている。しかし、厚労省のいう委託率三割は達成目標に留まっている。

里親制度のもとで、里親は育ち方の分からない子を預かり、二四時間体制で養育する。里親の多くは、実子の養育が一段落し余力がある、あるいは、実子に恵まれなかったなど、善意で受託をする人たちだが、養育の専門家ではない。それだけに、預かった子が乳幼児なら育てやすいが、児童期以降の里子を預かると、その子なりの育ちをしているので、養育に戸惑いを伴う。特に、実親から虐待された後遺症を抱える子や発達障害を持つ子も少なくないので、里親の苦悩の日々が続く。それだけに、比較的に養育しやすい子を里親に、困難な子は専門のスタッフのいる養護施設へのように、事例に対応した養育の場の選択が必要であろうが、そうした対応が遅れている。

●「世話好きおばさんが消えた」

社会的養護の仕組みは対応のもっとも遅れた分野で、多くの課題が山積している。しかし、これ以上の踏み込みは別の機会に譲り（例えば、深谷昌志他『社会的養護における里親問題の実証的研究』福村出版、二〇一三年）、冒頭の裕の事例に戻ろう。

公園でホームレス生活をしている裕はクラスメートのよしや君に出会う。お腹がすいていると話すと、「家おいでや。おかんに飯作ってもらうわ」といい、よしや君のおばさんも「ご飯食べていくの」と聞き、「本当の家族の一員のように、当たり前に受け入れてくれた」。

事情を話すと、お風呂に入れてくれ、泊まっていくように言われ、裕はその家の世話になることになってホームレス生活から解放される。

よしや君の家はそれほど裕福とは思えない上に、四人の子どもがいて、ぎりぎりの生活であろう。それだけに、いくら子どもの親友が困っていると言われても、一食程度ならともかく、何日もの寝泊まりは断りたいのが人情であろう。しかし、よしや君のおばさんは、裕を心よく受けいれている。そして、夏休みの終わりに、おばさんが中心となって、近所の人と一緒に、大阪府にかけ合い、近所に部屋を借り、生活保護の手続きを進める。その結果、きょうだい三人が一緒に暮らせるようになる。裕は「神の領域の優しさ。地獄に仏。九死に一生を得る」と感想を残している。

落語家の雀々の場合も、近所の顔見知りの出山のおばさんが、「なんかあったら、すぐおばちゃんのトコに言いに来たらかまへん」と声をかけてくれる。実際に雀々はおばさんの所で食事をとり、お風呂にも入れてもらう。「頭を撫でたりしたことがないオトン」と「僕を捨てて出て行ったオカン」。「出山のおばさんの優しさと、自分の両親の薄情さに涙がこぼれてきた」という。その後も、出山のおばさんが中心となって、民生委員などの助けを借り、雀々は生活保護を受けられるようになる。そして、アルバイトをしながら生計を立て、中学を卒業する。桂枝雀に弟子入りし落語家として精進することになるのは一九七七

（昭和五二）年である。

こうした記録を読むと、社会的養護システムの整備も大事だが、実親との縁の薄い子にとって必要なのは「よしや君のおばさん」や「出山のおばさん」のような存在のように思える。抽象的に地域の教育力などといっても、問題は解決しない。本当に欲しいのは「世話好きのおばさん（もちろん、おじさんでもよい）」の復権のように思えるが、それが、難問なのが日本社会の現状のように思われてならない。

子ども期が伸び、青年期が消えた

小此木啓吾『モラトリアム人間の時代』一九七八年

●精神科医からの発言

本書を熟読したのは四〇年程前になる。小此木啓吾はエリクソンの『心理社会的モラトリアム』の概念を引用しながら、青年とモラトリアムとの関係が変容したと説く。モラトリアムは支払いの猶予を意味する経済用語だが、青年も社会に出るまでの猶予期間の身である。それだけに、自立するまでの期間は努力する姿勢が求められた。職人の世界なら、一本立ちするまで親方の家に住み込みほぼ無給で滅私奉公の日々を送る。そして、学生も色恋はご法度で勉学に打ち込む姿勢が望ましいとされた。「半人前意識と自立への渇望」を持ち、「真剣かつ深刻な自己探求」をする若者像である。しかし、近年、猶予期間を逆手にとり、一本立ちするまでの時間を楽しもうとする若者が増加した。大学生を例にとるなら、四年生になっても簡単に留年し、就職活動をしない若者である。小此木は、若者の問に「半人前意識から全能感へ」、「禁欲から解放へ」、「修行感覚から遊び感覚へ」の変化が見られると指摘する。

小此木啓吾（一九三〇（昭和五）年―二〇〇三（平成一五）年）は精神科医として心の問題を抱える多くの若者に接してきた。そうした事例を踏まえての考察なので、指摘は具体的で説得力を持つ。もっとも、社会に向けて発信する精神科医といえば、『母性社会日本の病理』（中央公論新社、一九七六年）などの河合隼雄（一九二八（昭和三）年―二〇〇七（平成一九）年）を想起する。さらに、そうした精神科医の先達として土居健郎（一九二〇（大正九）年―二〇〇九（平成二一）年）の『「甘え」の構造』（弘文堂、一九七一年）の存在もある。

なお、河合がユング、小此木はフロイトと思考の原点を異にしているが、そうした差異は精神科医の世界の問題で、精神科医の著作は心の問題を見つめてきた視点からの提言として社会的に大きな関心を持たれた。

●モラトリアム期を延ばす若者たち

もう一人、精神科医をあげるなら、笠原嘉（一九二八（昭和三）年―）も『アパシー・シンドローム―高学歴社会の青年心理』（岩波書店、一九八四年）の中で、「高校後半から大学生を経て若いサラリーマンあたりに見られる『特有の無気力現象』」が気になると指摘する。「『自分とは何か』というアイデンティティがはっきりしている」と、勉学や仕事に打ち込めるが、「自分は何になるのがもっともふさわしいのか」、『何をなすべきか』を自問自答しだした人は仕事や学業への意義を見出しにくくなる」。その結果、ズルズルと日々を過ごしがちになる。

そうした若者は「決して怠け者でない。その過去には平均以上に立派なキャリアと素直で『よい子』という称賛があった。いささか完全主義的であるという特徴さえ括弧に入れれば、むしろ好青年であって変わり者ではない」という。

この笠原の指摘は、先にふれた小此木と共通した問題意識をふまえている。小此木は「古典的図式」でいえば、青年は「職業選択、配偶者の選択、生き方などについて、オトナとしての自己選択を行い、既存社会・組織の中に一定の位置づけを得なければならない」が、近年、「最終的な決着、踏ん切りのつかぬ青年たちがふえはじめた」。そうした状況に、「オトナ社会の側が、彼らの存在権をさまざまな形で尊重し、その自己主張に拍車をかける傾向」が見られる。その結果、「現在の若者文化そのものがCM文化=消費文化」の中心となり、若者が「労働・生産しないで、受け取り、消費することに専念してよい」状況が生まれ、モラトリアム状況の若者が若者文化の中核となって消費を先導する時代が出現する。

「モラトリアムの延期」した状態の若者が増加しているという意味で、小此木も笠原も同じ問題意識を抱いている。その中で、小此木が「遊び」的な明るい雰囲気も見出しているのに対し、笠原は「自分で自分を見出しかねて」いる状況の若者に暗さを予感している。

●『坂の上の雲』から『なんとなく、クリスタル』へ

小此木も笠原も、これまでと異なる若者群が出現したと問題提起している。そこで、これまでの若者像がどういうものだったのかが問題となる。

明治の若者を象徴するのは司馬遼太郎が『坂の上の雲』（文藝春秋、一九九九年）で描いた秋山好古、秋山真之、正岡子規の青春像であろうか。青雲の志を抱いて松山から上京する若者だが、青雲の志が明治国家の建設と一致できた時代である。しかし、近代国家が形成されるにつれ、体制を作るのでなく、体制に適応できる若者を求めるようになる。といっても、若者は未来への夢を抱いているから体制に抗議をする。日本に限らず、多くの社会で若者はプロテスト（抗議）する存在だった。石原慎太郎の『太陽の季節』（新潮社、一九五六年）が描く裕福な家庭で育つ無軌道な高校生も、目標を見出せない反抗する若者の姿といえよう。

そうした抗議する若者の姿が最高潮に達したのが世界的に広まった大学紛争だった。庄

司薫の一連の薫君シリーズ『赤頭巾ちゃん気をつけて』（中央公論社、一九六九年）や『白鳥の歌なんか聞こえない』（中央公論社、一九七〇年）の主人公は日比谷高校の生徒で、紛争で東大入試が中止される状況に巻き込まれた日々を送っている。彼はあからさまに抗議することはないが、ナイーブな心を持って社会を見つめている。

ラフな議論をするなら、明治以降、「立身を目指す若者」から「抗議する若者」、そして、争いを避ける「ナイーブな若者」と若者が変質してきた。ここまでの若者像は理解しやすい。しかし、田中康夫の『なんとなく、クリスタル』（河出書房新社、一九八一年）になると、主人公の行動に共感を持ちにくくなる。主人公は私立大英文科に籍を置く裕福な家庭育ちの二〇歳の女子大生で、青山の周辺でゴージャスな消費生活を送っている。「なんとなく気分のよいものを、買ったり、着たり、食べたりする。そして、なんとなく気分のよい音楽を聴いて、なんとなく気分のよいところへ散歩に行ったり、遊びに行ったりする」生活をしている。そして、「三〇代になった時、シャネルのスーツが似合う雰囲気をもった女性になりたい」と願う。風のまにまに漂う感覚世代で、彼らにはモラトリアムという感覚すら欠落しているのを感じる。

●「児童（子ども）期」が伸び、「青年期」が消滅した

これまで、小学六年生までが児童期で、その後、中学から高校にかけて、第二次反抗期をたどりながら、親との心理的な距離を置く時期が青年前期とされてきた。そして、子どもが大学に進学する頃から、親は子どもと距離を置くようになり、子どもも精神的に親から自立するのが常で、この時期が青年後期にあたると言われてきた。

二〇一八年度の二〇歳人口の就学率は、大学五三・三%、専門学校二二・七%を含めて八一・五%に達する。その多くが親から学費を出してもらっての在籍であろう。そうした金銭面だけなく、中学や高校へ進んでも、第二次反抗期を示すことなく、密着型の関係を保つ親子が増加している。実際に、大学の卒業式への親の列席に違和感を抱かなくなったし、企業の入社式に顔を出す親も稀でないと聞く。

これまで親子が密着しているのが児童期で、親から相対的に距離を置き、社会への踏み込み方を模索するのが青年期といわれてきた。しかし、高校生や大学生を抱える親子を見ていると、青年期が喪失し、児童期が二〇代まで延長されているのを感じる。正確な指摘を意識するなら、児童期というより、「子ども期」が妥当と思うが、「子ども期」を小学生期までの前期と中高校生から二〇歳頃までの後期に分けると現状を理解しやすい気がする。そして、社会とのスタンスを模索する青年期は二〇代から四〇代近くまで延長されたのではないか。

実際に、三〇代前半の非婚化率は、一九八五年の男子二八・二%、女子一〇・四%から、二〇一六年には男子四七・一%、女子三四・六%へ増加している。また、一九五五年に男子二六・六歳、女子二三・八歳だった初婚年齢は、二〇〇一年の男子二九・〇歳、女子二七・二歳から、二〇一七年の男子三一・一歳、女子二九・四歳と、半世紀の間に五歳ほど上昇している。さらに、一九七五（昭和五〇）年に二五・七歳だった初産年齢も二〇一五年には三〇・七歳へと、ほぼ五歳高まっている。

その他の統計数値は割愛するが、かつて二〇代半ばが婚姻のピーク時だったが、現在では、非婚化傾向が強まると同時に婚姻年齢も三〇歳に上昇している。こうした傾向は青年期のピーク時が三〇代にずれ込むことを意味する。

●子ども化する若者たちの課題

冒頭の小此木論文に戻ろう。小此木が問題提起したのは一九八一年だから、四〇年程前である。「モラトリアム」は、その時代の若者を理解するのに有効だったことはすでにふれた通りだが、それから四〇年を経て、若者像も変わってきた。しかし、そうした現在の若者を分析する「小此木二世」が登場していないのを感じる。

かつての一〇代は依存から自立へ疾風怒濤の道をたどる過程だった。それに対し、現在の一〇代は親に依存した状態で、親子密着型の成長過程を過ごしている。一言でいえば、子ども的な感覚で過ごす一〇代である。そうした若者は、①素直で従順な良い子である。実際に中高校生の多くは親にとって「素直な良い子」であろう。それと同時に、②自分中心の「ミーイズム」の子でもある。多くの子はしてもらう生活を送っており、人のために尽くす体験を持っていない。さらにいえば、③自分のセンスを信じ、センスを優先させる感覚人間でもある。

一九五〇年の平均寿命は男子五八・〇歳、女子六一・五歳の六〇年の人生だった。その際、一二歳までが児童期、一八歳までの青年期とするなら、自立するまでに人生の三分の一を費やしている。しかし、二〇四〇年の平均寿命は男子八二・八歳、女子八九・六歳と見込まれている。さらに、二〇六〇年は男子八四・二歳と女子九〇・九歳となり、平均寿命が八五歳を超える。そうだとしたら、人生の三分の一を自立までの期間とするなら、二五・五歳が自立する年齢となる。したがって、緩やかで時間をかける成長のスタイルは高齢化社会の人生モデルとして妥当なのかもしれない。

しかし、かつての児童期は親に依存するだけでなく、児童期の後半、特に一一、一二歳の子は子どもなりに正義感に燃え、不正に抗議する特性を備えていた。そうだとしたら、児童（子ども）期が一〇代の終わりまで伸びたとする場合、中高校生位になったら、親に依存するだけでなく、社会の中で自分ができることを見つける、あるいは、正義を求めてアクションを起こす、さらに、自分を無にして人のために尽くす。そうした社会と接点を持って生きる姿勢が中高校生に定着するなら、なだらかな成長にそれほどの不安を抱く必要はないのかもしれない。

あとがき

本書の成り立ちについては、冒頭の「読者への挨拶」に付した通りで、子ども問題の私的な勉強会の同人向けのメールマガジン（月刊）に「子ども問題の本棚から」の題目で書いた連載の原稿を土台にしている。

教育学の教師としてのキャリアが長いので、本書で紹介している本は講義の中でふれたものばかりだ。しかし、「子ども問題の本棚から」で取り上げようとすると、どの本もきちんと読んでいないのに気づいた。そこで、まず、じっくりと時間をかけて読むことにした。

一例として、『隠者の夕暮』をあげるなら、筆者は教育学を担当するので、授業の中で明治初年の「直感教授」などに関連させてペスタロッチーにふれることが多いし、西洋教育史的な講義の中で『隠者の夕暮』の名をあげるのが通例だ。しかし、講義のために『隠者の夕暮』を手にはするが、通読することはなかった。だが、今回は、読み通してみた。自分が社会人としての年輪を重ねてきたので、若い時期の思弁的な『隠者の夕暮』より、孤児相手にペスタロッチーが苦悩する実践記録『シュタンツだより』に深い感銘を受けた。

その他の二四冊も感銘を受けた本を選んだので、本書は自分の読書軌跡をたどる研究ノート的な性格が強い。もちろん、本書の内容はあくまで筆者の感想で、当然、視点の異なる感想があると思う。それだけに、どの本でもよいが、若い女性の研究者やベテランの小学教師、あるいは、中堅の保育士などと、読後感を交わしてみたいという思いを強く抱いた。ともあれ、二五人の著者と一期一会の楽しい語らいの時を持てた感じで、脱稿した。

本書を執筆中から、可能なら、黎明書房から刊行して欲しいと願った。五十数年前、オーバードクターの先の見えない暮らしをしている時、一本の電話を受けた。黎明書房からのもので、教育史学会で連続して発表をしている内容を本にまとめないかという内容だった。青天の霹靂的なお誘いで、感激しながら、執筆したのが『良妻賢母主義の教育』(一九六六年)だった。幸いにも、同書は評判も良く、幸運な研究者生活をスタートすることができた。その後も折あるごとに、黎明書房から何冊かの本を出していただいたが、それから三〇年後、武馬久仁裕編集長がご自分の構想したテーマを話し、そのテーマでの執筆を勧めてくださった。それが『親孝行の終焉』(一九九五年)だった。今でも、ユニークな本として引き合いの多い思い出の深い本だ。

その後、研究者生活の店じまいの心算で、『子どもと学校の考現学』(二〇一七年)を出していただいたが、その折、お世話になったのが、昔編集長だった現・黎明書房社長の武馬久仁裕氏である。幸運にも、その後も研究を続けることができ、本著の刊行となったが、原稿を下読みしていただいた時、武馬氏から、いくつかの助言をいただいた。その中に、アリエスの書名『〈子供〉の誕生』を前面に出すのでなく、書名の前に「『小さな大人』でない子どもの姿もあったのではないか」のようなキャッチコピーをつけてはという提言があった。武馬氏は現代俳句協会の理事を務める俳人でもあるので、実際に、一二五冊全部に、武馬社長の俳人的なセンスにあふれたコピーが付されていた。それを有難くいただくことにしたが、本書に少し異色な感じを持たせることができたとするなら、それは俳人としての武馬氏のお陰である。心から感謝したいと思う。

最後になるが、出版事情の厳しい中、良心的な教育書を刊行されている黎明書房の今後の益々のご発展を祈念したいと思う。そして、出版にあたり、お世話になった武馬久仁裕社長と編集の水戸志保さんに厚くお礼の言葉を述べたいと思う。

平成の終わる月に

深谷昌志

取り上げた本の一覧

・P・アリエス『〈子供〉の誕生―アンシァン・レジーム期の子供と家族生活』一九六〇年（杉山光信・恵美子訳、みすず書房、一九八〇年）

・エレン・ケイ『児童の世紀』一九〇〇年（小野寺信・小野寺百合子訳、富山房、二〇〇〇年）

・J・ルソー『エミール』（上・中・下）一七六二年（今野一雄訳、岩波書店、二〇〇七年）

・ペスタロッチー『隠者の夕暮』一七八〇年（長田新訳、岩波書店、一九八二年）

・J・デューイ『学校と社会』一八九八年（宮原誠一訳、岩波書店、一九五七年）

・平野婦美子『女教師の記録』西村書店、一九四〇年

・大木顕一郎・清水幸治『綴方教室』中央公論社、一九三七年
＊豊田正子は著者として記載されていない。

・山中恒『ボクラ小国民』辺境社、一九七四年

・無着成恭編『山びこ学校』百合出版、一九五六年

・加瀬和俊『集団就職の時代』青木書店、一九九七年

・貝原益軒『和俗童子訓』一七一〇年（山住正巳・中江和恵編注『子育ての書2』平凡社、

取り上げた本の一覧

一九七六年)

・江馬三枝子『飛驒の女たち』三国書房、一九四二年

・大藤ゆき『児やらひ』三国書房、一九四四年

・大田才次郎『日本全国児童遊戯法』博文館、一九〇一年(『日本児童遊戯集』と改題され、平凡社より一九六八年に刊行)

・A・S・ニール『問題の教師』一九三九年(霜田静志訳、講談社、一九五〇年)

・子安美智子『ミュンヘンの小学生』中央公論社、一九七五年

・八人の合著『八大教育主張』大日本学術協会、一九二二年

・黒柳徹子『窓ぎわのトットちゃん』講談社、一九八一年

・斎藤喜博『可能性に生きる』文芸春秋、一九六六年

・I・イリッチ『脱学校の社会』一九七〇年(東洋・小沢周三訳、東京創元社、一九七七年)

・阿部進『現代子ども気質』新評論社、一九六一年

・乙武洋匡『五体不満足』講談社、一九九八年

・千原ジュニア『14歳』講談社、二〇〇七年

・田村裕『ホームレス中学生』ワニブックス、二〇〇七年

・小此木啓吾『モラトリアム人間の時代』中央公論新社、一九七八年

著者紹介

深谷昌志

1933年，東京生まれ。

東京教育大学大学院修了。教育学博士。教育社会学専攻。奈良教育大学教授，静岡大学教授などを歴任。現在，東京成徳大学名誉教授。

著書：『良妻賢母主義の教育』『女教師問題の研究』（共著）『学歴主義の系譜』『親孝行の終焉』『「子どもらしさ」と「学校」の終焉』『放送大学で何が起こったか』（共著）『昭和の子ども生活史』『子どもと学校の考現学』以上黎明書房，『孤独化する子どもたち』『無気力化する子どもたち』以上NHKブックス，『父親―100の生き方』中央公論新社，『日本の母親・再考』ハーベスト社，『虐待を受けた子どもが住む「心の世界」』（共著）福村出版など多数。

子《こ》ども問題《もんだい》の本棚《ほんだな》から―子《こ》ども理解《りかい》の名著《めいちょ》25冊《さつ》を読《よ》み解《と》く

2019年5月1日　初版発行

著者　深《ふか》谷《や》昌《まさ》志《し》
発行者　武馬久仁裕
印刷　藤原印刷株式会社
製本　協栄製本工業株式会社

発行所　株式会社 黎《れい》明《めい》書《しょ》房《ぼう》

〒460-0002　名古屋市中区丸の内3-6-27　EBSビル　☎052-962-3045
FAX 052-951-9065　振替・00880-1-59001
〒101-0047　東京連絡所・千代田区内神田1-4-9　松苗ビル4階
☎03-3268-3470

落丁本・乱丁本はお取替えします。　ISBN978-4-654-02312-7